福建省社科研究基地武夷学院朱子学研究中心资助

朱子文化与社会主义核心价值观

主　编　廖　斌
副主编　陈　平

厦门大学出版社 XIAMEN UNIVERSITY PRESS
国家一级出版社
全国百佳图书出版单位

图书在版编目（CIP）数据

朱子文化与社会主义核心价值观 / 廖斌主编. -- 厦门 ：厦门大学出版社，2023.9
ISBN 978-7-5615-9096-6

Ⅰ. ①朱… Ⅱ. ①廖… Ⅲ. ①朱熹(1130—1200)-哲学思想-研究②社会主义核心价值观-研究-中国 Ⅳ. ①B244.75②D616

中国版本图书馆CIP数据核字(2023)第157814号

出 版 人　郑文礼
责任编辑　章木良
美术编辑　李嘉彬
技术编辑　朱　楷

出版发行　厦门大学出版社
社　　址　厦门市软件园二期望海路 39 号
邮政编码　361008
总　　机　0592-2181111　0592-2181406(传真)
营销中心　0592-2184458　0592-2181365
网　　址　http://www.xmupress.com
邮　　箱　xmup@xmupress.com
印　　刷　厦门市明亮彩印有限公司

开本　787 mm×1 092 mm　1/16
印张　13.5
字数　210 千字
版次　2023 年 9 月第 1 版
印次　2023 年 9 月第 1 次印刷
定价　45.00 元

本书如有印装质量问题请直接寄承印厂调换

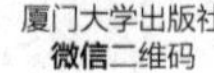

厦门大学出版社
微信二维码

厦门大学出版社
微博二维码

序 言

任何一个社会都存在多种多样的价值观念和价值取向。什么是核心价值观？核心价值观是一个民族、一个国家的主导意识形态和基本道德共识，是决定文化性质和方向的最深层次要素，是文化软实力的灵魂，是一个国家的重要稳定器。习近平总书记指出："人类社会发展的历史表明，对一个民族、一个国家来说，最持久、最深层的力量是全社会共同认可的核心价值观。"如果没有共同的核心价值观，一个民族、一个国家就会魂无所定、行无依归。

一个国家、一个民族的文化，特别是我们这样一个有着五千年历史的国家和民族的文化，其根本就在于精神的层面，在于精神的文化内核，在于根本的核心价值。中华民族的核心价值观是"仁义礼智信"5个字，这5个字支撑了几千年中国社会的主流价值意识。到了现代，五四新文化运动提出了爱国、科学、民主、平等的价值观，表现出现代中国社会的价值诉求。

在当今中国，我们的民族、我们的国家应该坚守的社会主义核心价值观，就是党的十八大提出的：富强、民主、文明、和谐，自由、平等、公正、法治，爱国、敬业、诚信、友善。这12个主题词，分别从国家、社会、个人三个层面进行了表述。从国家层面看，是富强、民主、文明、和谐；从社会层面看，是自由、平等、公正、法治；从个人层面看，是爱国、敬业、诚信、友善。它回答了我们要建设什么样的国家、建设什么样的社会、培育什么样的公民的重大问题，体现了国家、社会、个人最本质的价值诉求，实现了三者在价值目标上的统一，兼顾了三者的价值愿望和追求。

中华优秀传统文化，积淀着中华民族最深层的精神追求，包含着中华民族最根本的精神基因。我们要利用好中华优秀传统文化蕴含的丰富思想道德资源,使其成为培育社会主义核心价值观的重要源泉。习近平总书记强调:“我们提倡的社会主义核心价值观,就充分体现了对中华优秀传统文化的传承和升华”,“中华优秀传统文化已经成为中华民族的基因,植根在中国人内心,潜移默化影响着中国人的思想方式和行为方式。今天,我们提倡和弘扬社会主义核心价值观,必须从中汲取丰富营养,否则就不会有生命力和影响力”。

朱子学是宋末至明清时期的官方哲学,中国的主流文化,对近古中华民族文化的主体精神产生过广泛而深刻的影响。其民族文化主体精神,蕴含着维护国家统一的爱国精神,勤政爱民、经世致用的精神,崇尚真理的精神,哲学创新精神,中道和谐精神,综罗百代的兼容心态和开放精神,科学求实、求知探索精神,不计功名利禄、讲求伦理道德修养和道德自律精神等,这些集中体现了朱子学的精华。它作为中华传统文化的重要组成部分和精华所在,其中许多内容是社会主义核心价值观一脉相承、贯通互补的,蕴含着社会主义核心价值观的文化基因。我们深入挖掘和阐发朱子文化中有益的思想,发扬朱子文化中讲仁爱、重民本、守诚信、崇正义、尚和谐、求大同的时代价值,使朱子文化在新时代实现创造性转化、创新性发展,将是培育和弘扬社会主义核心价值观的重要思想资源。

武夷学院自2010年成立朱子学研究中心以来,组建了一支专兼职的研究队伍,以马克思主义为指导,深入开展朱子学研究,取得了一批具有理论价值和实践意义的学术成果。目前,朱子学研究中心已承担国家社科基金项目9项、教育部人文社科项目4项、福建省社科规划项目16项;出版专著31部,发表论文200多篇;举办各类朱子学研讨会(或论坛)36场;搭建海内外朱子学交流平台11个;开设朱子文化课程4门,其中“朱子十讲”课程入选2019年福建省社会实践一流本科课程。2018年,朱子学研究中心获批为福建省高校特色新型智库;2020年,获批为福建省以马克思主义为指导的哲学社会科学学科基础理论研究基地。现在,朱子文化研究已成为武夷学院的办学特色,促进了学校的科学研究、学科建设、人才培养、文化交流、服务社会等各项职能的深化与拓展。

党的二十大报告提出："以社会主义核心价值观为引领，发展社会主义先进文化，弘扬革命文化，传承中华优秀传统文化"，"深入开展社会主义核心价值观宣传教育，深化爱国主义、集体主义、社会主义教育，着力培养担当民族复兴大任的时代新人"。社会主义核心价值观是促进大学生健康社会心态养成的重要源泉，对大学生健康成长具有深层影响，尤其是在引导大学生形成正确的社会认知、引领大学生树立主流社会价值观，以及规范大学生的社会行为等方面发挥着重要作用。

为了弘扬中华优秀文化与践行社会主义核心价值观，用朱子学的优秀文化传统开展大学生理想信念教育，我校组织编写《朱子文化与社会主义核心价值观》，既是学校立德树人的使命所在，也是我们从事思想政治教育具体而微的体现。本书以马克思主义的立场、观点和方法为统领，以社会主义核心价值观为切入点，对朱子文化的内涵进行新的诠释，实现从传统价值观到现代价值观的阐扬，使朱子文化成为涵养社会主义核心价值观的重要源泉。

希望本书能增强社会主义核心价值观的感染力和渗透力，在新时代大学生自强自立、自尊自信、向善向上的理想人格养成方面发挥积极的作用。

是为序。

武夷学院党委书记
庄祥生
2023 年 5 月 26 日

目　录

国家篇

社会篇

公民篇

绪 论

当代中国，是在中国共产党领导下建设中国特色社会主义的中国；也是具有创造、赓续五千年辉煌文明优良传统的中国。中华优秀传统文化是中华文明的宝贵结晶，传承、弘扬中华优秀传统文化是21世纪以中国式现代化全面推进中华民族伟大复兴的丰厚独特的软实力和用之不竭的力量源泉。遵循中华民族发展史规律，当代中国大学生研习、发展中华优秀传统文化，是自身培育社会主义核心价值观，树立远大理想、提升道德素质、增长本领才干，担当实现中华民族伟大复兴历史使命的内在需要。

一、中华五千年文明精华是中国特色社会主义的历史文化根基

2021年3月22日，中共中央总书记、国家主席、中央军委主席习近平在福建武夷山朱熹园考察，了解朱熹生平及理学研究等情况。他说："我到山东考察时专门去看了孔府孔庙，到武夷山也专门来看一看朱熹园。"鉴往知来，习近平总书记强调："我们走中国特色社会主义道路，一定要推进马克思主义中国化。如果没有中华五千年文明，哪里有什么中国特色？如果不是中国特色，哪有我们今天这么成功的中国特色社会主义道路？我们要特别重视挖掘中华五千年文明中的精华，把弘扬优秀传统文化同马克思主义立场观点方法结合起来，坚定不移走中国特色社会主义道路。"[①]对于马克思主义中国化"两个结合"重要论述的首次阐述，是习近平总书记在朱熹园讲话最重要的思想，彰显了对中华优秀传统文化的高度重视和充分自信。

2023年6月2日，习近平总书记在文化传承座谈会上发表重要讲话，

① 习近平：《习近平谈治国理政(第四卷)》，外文出版社2022年版，第315页。

指出中华优秀传统文化有很多重要元素，共同塑造出中华文明的突出特性。把马克思主义基本原理同中国具体实际、同中华优秀传统文化相结合是发展中国特色社会主义的必由之路，是我们在探索中国特色社会主义道路中得出的规律性认识。习近平总书记关于文化建设的新思想新观点新论断，进一步明确中华优秀传统文化作为根基和命脉的时代价值，“第二个结合”是我们党对中华文明发展规律的深刻把握，是马克思主义中国化、时代化的最新成果，表明中国共产党传承中华优秀传统文化，推进文化创新达到了新高度。

习近平总书记在朱熹园的重要讲话和关于文化建设的新思想新观点新论断，为新时代研习、传承朱子文化提供了精神指引，具有重要的指导意义。新时代传承发扬朱子文化，有利于赓续民族精神，促进中华文明发展。梳理挖掘深厚的朱子文化资源，汲取朱子文化的思想和智慧，让朱子文化在新时代绽放璀璨光芒，是我们在文化传承创新发展中的一项重要工作。

首先，中国特色社会主义道路是从中华民族五千年悠久文明的传承中走出来的。习近平总书记多次指出，今天的中国特色社会主义不是从天上掉下来的，它根植于具有五千年文明传承的中华大地，赓续科学社会主义的基因血脉，是科学社会主义理论逻辑和中国社会发展历史逻辑的辩证统一。一方面，中华文明与社会主义具有内在契合性。中华优秀传统文化与马克思主义的融通契合之处，也是中国人选择马克思主义和马克思主义能够扎根中国大地并深刻影响中国社会发展进程的重要因素。中国人尤其是中国早期先进的知识分子乐于接受马克思主义，是因为它与中国传统文化有十分密切的联系，在很多方面与中国人的思想传统相通，得到了中国人民的心理价值观念的认同。张岱年曾说：“中国文化中本有悠久的唯物论、无神论、辩证法的传统，有民主主义、人道主义思想的传统，有许多历史唯物主义的思想因素，有大同的社会理想，如此等等，因而马克思主义很容易在中国的土壤里生根。”[①]中华文明本身就蕴含着丰富的社会主义因素，比如中国古已有之的天下为公、天下大同、均贫富、重民生等思想，在漫长的历史中不断

---

① 张岱年、程宜山：《中国文化与文化论争》，中国人民大学出版社1990年版，第186页。

发展积淀，直至成为稳定的民族文化心理。孟子说："仁义礼智，非由外铄我也，我固有之也。"(《孟子・告子上》)可以说，社会主义因素内生于中国传统文化之中。因此，马克思主义基本原理同中国具体实际、同中华优秀传统文化相结合，也意味着中华文明精华、中华优秀传统文化的激活与彰显。另一方面，中华文明不仅塑造了中国特色社会主义，而且赋予了社会主义一些本质性的品质。"五千年中华文明塑造了中国特色社会主义这一文明新形态的根性与底色。主要体现在五个方面，即中华文明蕴含着统一安定之道、多元一体之道、包容开放之道、责任伦理之道和中正和平之道。"[①]更为重要的是，中华文明赋予了中国特色社会主义与资本主义乃至整个西方文明一种根性上的不同。对"和"的追求深刻塑造了中华文明的思维方式和价值取向，对和平、和睦、和谐的追求深深熔铸在文化的血脉和基因之中。

其次，传承发展中华文明的中国特色社会主义创造了人类文明新形态。近年来，人类遭遇了各种严重的危机和挑战，究其根源在于近代以来强势的西方文明。包括儒家思想在内的中华优秀传统文化蕴藏着解决当代人类面临的难题的重要启示，"中华优秀传统文化是中华民族的文化根脉，其蕴含的思想观念、人文精神、道德规范，不仅是我们中国人思想和精神的内核，对解决人类问题也有重要价值"[②]。习近平总书记在庆祝中国共产党成立100周年大会上的重要讲话中，谈到百年奋斗取得的根本成就时指出："我们坚持和发展中国特色社会主义，推动物质文明、政治文明、精神文明、社会文明、生态文明协调发展，创造了中国式现代化新道路，创造了人类文明新形态。"

二、中华优秀传统文化是涵养社会主义核心价值观的重要源泉

文化是一个民族的基因，是一个民族最持久最深沉的力量。没有任何一个民族可以抛弃其文化传统而重新开始。中华民族形成和发展过程中产

① 潘岳：《五千年中华文明塑造中国特色社会主义文明形态》，发表时间：2021年9月27日，检索时间：2022年11月13日，https://culture.hqu.edu.cn/info/1015/5280.htm。

② 习近平：《在全国宣传思想工作会议上强调举旗帜聚民心育新人兴文化展形象　更好完成新形势下宣传思想工作使命任务》，《人民日报》2018年8月23日。

生的各种思想文化，记载了中华民族在长期奋斗中开展的精神活动、进行的理性思维、创造的文化成果，反映了中华民族的精神追求，其中最核心的内容已经成为中华民族最基本的文化基因。

（一）培育社会主义核心价值观是推进社会主义文化强国建设的需要

价值观是社会成员对社会的认知和信仰，不同的价值观引导不同的思想和行为，将对人们的日常生活和社会发展产生不同的影响。核心价值观是民族的精神纽带和国家共同的思想道德基础，是文化软实力的灵魂和建设的重点，也是决定文化性质和方向最深层次的要素。一个国家的文化软实力，从根本上说，取决于其核心价值观的生命力、凝聚力、感召力。社会主义核心价值观在社会主义社会的思想观念体系中处于主导地位，它反映了社会主义经济、政治、文化、社会生活等方面的价值取向，对社会意识和社会思潮具有强大的引领和整合作用，对我们要建设什么样的国家、建设什么样的社会、培育什么样的公民等重大问题具有重要的指导意义和价值。

党的十八大报告用 24 个字概括出社会主义核心价值观，即：富强、民主、文明、和谐，自由、平等、公正、法治，爱国、敬业、诚信、友善。2013 年 12 月，中共中央办公厅印发了《关于培育和践行社会主义核心价值观的意见》，明确指出“倡导富强、民主、文明、和谐”是国家层面的价值目标，“倡导自由、平等、公正、法治”是社会层面的价值取向，“倡导爱国、敬业、诚信、友善”是公民个人层面的价值准则，这三个倡导凝聚了全党全社会的价值共识，它是一个有机的整体，广泛地吸取了现代文明核心内容，又继承和创新了中华民族优秀思想文化传统，对中国重建价值观和重塑现代文明秩序发挥着重大的引导和激励作用。党的十九大报告指出“培育和践行社会主义核心价值观”，要“深入挖掘中华优秀传统文化蕴含的思想观念、人文精神、道德规范，结合时代要求继承创新，让中华文化展现出永久魅力和时代风采”[①]。党的二十大报告在推进文化自信自强中指出，要以社会主义核心价值观为引领，

① 习近平：《决胜全面建成小康社会　夺取新时代中国特色社会主义伟大胜利——在中国共产党第十九次全国代表大会上的报告》，人民出版社 2017 年版，第 42 页。

传承中华优秀传统文化，要广泛践行社会主义核心价值观，用社会主义核心价值观铸魂育人，完善思想政治工作体系，把社会主义核心价值观融入法治建设、融入社会发展、融入日常生活。因此，培育和践行社会主义核心价值观具有重大战略意义，它是推进社会主义文化强国建设的需要。

(二)社会主义核心价值观必须立足于中华优秀传统文化

唯物史观认为，价值观根植于特定时期社会物质生活和文化传统，受社会主体自身的影响。各国的核心价值观植根于各自民族人民生活的传统文化中。当代中国是古代中国的延续和发展，当代中国思想文化也是中国传统思想文化的传承和升华，要认识今天的中国、今天的中国人，就要深入了解中国的文化血脉，准确把握滋养中国人的文化土壤。社会主义核心价值观是马克思主义道德价值理论中国化的重要成果，蕴含中华优秀传统文化的思想精华和道德精髓，有着深厚的中华优秀传统文化底蕴和基因。社会主义核心价值观与中华优秀传统文化是辩证统一、双向生成的关系。

社会主义核心价值观的24个字，微言大义，无不渗透着对中华优秀传统文化因素的吸收和运用，充分体现了对中华优秀传统文化的传承和升华。在漫长的历史长河中，中华民族形成了秉持仁、义、礼、智、信，推崇格物、致知、诚意、正心、修身、齐家、治国、平天下，追求真善美的价值导向。一脉相承的伟大民族精神和优秀传统文化，是中华民族能够在几千年的文明传承中生生不息、长盛不衰的一个重要原因。党的十八大以来，习近平总书记高度重视中华优秀传统文化，围绕弘扬中华优秀传统文化、传承中华传统美德做出一系列重要论述，在不同场合多次谈及相关保护、传承和利用工作，提出要“深入挖掘和阐发中华优秀传统文化讲仁爱、重民本、守诚信、崇正义、尚和合、求大同的时代价值，使中华优秀传统文化成为涵养社会主义核心价值观的重要源泉”①。传统文化中“天行健，君子以自强不息”(《周易·象传·乾》)的奋斗精神，契合了社会主义核心价值观所倡导的国家富强和文明；“民可近不可下，民惟邦本，本固邦宁”(《尚书·五子之歌》)、“民为贵，社

① 习近平：《在中央政治局第十三次集体学习时的讲话》，《人民日报》2014年2月24日。

稷次之，君为轻”(《孟子·尽心下》)的民本思想，承接了社会主义核心价值观所倡导的国家民主；“和实生物，同则不继”(《国语·郑语》)、“礼之用，和为贵”(《论语·学而》)的传统思维是社会主义核心价值观所倡导的国家和谐的思想渊源；“万物并育而不相害，道并行而不相悖”(《礼记·中庸》)、“己所不欲，勿施于人”(《论语·颜渊》)的传统精神体现了社会主义核心价值观所倡导的社会自由和平等的价值追求；社会主义核心价值观所倡导的社会公正和法治则承袭了传统文化中“允执厥中”(《尚书·大禹谟》)、“治国无其法则乱”(《慎子·逸文》)的传统追求；社会主义核心价值观所倡导的公民爱国和敬业源于“苟利社稷，死生以之”(《左传·昭公四年》)、“天下兴亡，匹夫有责”(《日知录·正始》)的传统观念；孔孟的“人而无信，不知其可也”(《论语·为政》)、“君子莫大乎与人为善”(《孟子·公孙丑上》)的传统道德观淬炼出社会主义核心价值观所倡导的公民诚信和友善。中华优秀传统文化中蕴含的这些思想理念、传统美德和人文精神，是中华民族五千年来共同创造和形成的，不论过去还是现在，都有其鲜明的民族特色，都有其永不褪色的时代价值。

习近平总书记指出：“一个民族、一个国家的核心价值观必须同这个民族、这个国家的历史文化相契合，同这个民族、这个国家的人民正在进行的奋斗相结合，同这个民族、这个国家需要解决的时代问题相适应。”[①]我们所倡导的社会主义核心价值观，是古圣先贤思想、仁人志士夙愿和革命先烈理想的具体体现，寄托着各族人民对美好生活的向往。因此，培育和弘扬社会主义核心价值观必须立足于中华优秀传统文化这块肥沃的土壤，处理好继承和创造性发展的关系，将马克思主义与中华优秀传统文化相结合，实现中华优秀传统文化的创造性转化和创新性发展，以焕发马克思主义中国化时代化的生机和活力。

---

① 习近平：《青年要自觉践行社会主义核心价值观——在北京大学师生座谈会上的讲话》，《人民日报》2014 年 5 月 5 日。

（三）传承和弘扬中华优秀传统文化要以社会主义核心价值观为归依，实现创造性转化和创新性发展

2014 年 9 月，习近平在纪念孔子诞辰 2565 周年国际学术研讨会暨国际儒学联合会第五届会员大会开幕会上的讲话中指出："传统文化在其形成和发展过程中，不可避免会受到当时人们的认识水平、时代条件、社会制度的局限性的制约和影响，因而也不可避免会存在陈旧过时或已成为糟粕性的东西。这就要求人们在学习、研究、应用传统文化时坚持古为今用、推陈出新，结合新的实践和时代要求进行正确取舍，而不能一股脑儿都拿到今天来照套照用。要坚持古为今用、以古鉴今，坚持有鉴别的对待、有扬弃的继承，而不能搞厚古薄今、以古非今，努力实现传统文化的创造性转化、创新性发展，使之与现实文化相融相通，共同服务以文化人的时代任务。"①

随着社会变迁和历史发展，今日中国的客观实际相比于昨日中国已经发生了翻天覆地的变化，中华传统文化与今天的社会主义市场经济、民主政治、先进文化、社会治理等多个方面都存在着需要协调适应的地方。对待传统文化必然需要以发展着的马克思主义理论为指导，挖掘其活着的思想资源。传承中华文化，既不是简单复古，也不是盲目排外，而应该运用唯物辩证的世界观和方法论，取其精华，弃其糟粕。"加强对中华优秀传统文化的挖掘和阐发，努力实现中华传统美德的创造性转化、创新性发展，把跨越时空、超越国度、富有永恒魅力、具有当代价值的文化精神弘扬起来，把继承优秀传统文化又弘扬时代精神、立足本国又面向世界的当代中国文化创新成果传播出去。"②

三、朱子文化在构建社会主义核心价值观中的时代价值

党的二十大报告指出，推进文化自信自强要以社会主义核心价值观为

---

① 习近平：《习近平在纪念孔子诞辰 2565 周年国际学术研讨会暨国际儒学联合会第五届会员大会开幕会上的讲话》，《人民日报》2014 年 9 月 25 日。

② 习近平：《完善和发展中国特色社会主义制度 推进国家治理体系和治理能力现代化》，《人民日报》2014 年 2 月 18 日。

引领,传承中华优秀传统文化。朱子文化是中华优秀传统文化的重要组成部分,深入挖掘其蕴含的思想观念、人文精神、道德规范,并结合新的时代条件继承创新,具有十分重要的文化价值。

所谓朱子文化,即以朱子学为核心的前近代中国文化,亦可称为"正学",它统治了南宋以后元明清在内700多年的中国思想,是这一时期中华民族的思维方式、生活方式和价值系统的集中体现,并且影响到整个东亚世界,形成具有世界性意义的文化传统。朱子学有狭义和广义之分,狭义的朱子学就是朱子的学说,广义的朱子学包括朱子及其后学的学说。朱子总结了以往的思想,尤其是宋代理学思想,建立起庞大的理学体系,理学思想是朱子文化的内核。朱子,即朱熹(1130—1200),中国古代伟大的思想家、哲学家、教育家,是继孔孟之后中国儒学最杰出的代表人物,是13世纪之后中国思想文化的重要代表。朱子博览群书,融会诸家,体察社情民意,著述讲学,建立了完整的理学体系,被称为孔孟以来儒学的集大成者,使新儒学得到了最大范围的传播,极大丰富了中国传统文化的内涵。钱穆指出:"在中国历史上,前古有孔子,近古有朱子,此两人皆在中国学术思想史及中国文化史上,发出莫大声光,留下莫大影响。观瞻全史,恐无第三人可与伦比。"[①]朱子全面系统地总结了中国传统文化,在哲学、政治、经济、伦理、教育、科举、文学、史学、宗教、科学技术、文献学、文字学等各个领域产生了广泛而深远的影响。陈来先生评价"他在古代文化的整理上的贡献,继往开来","在中国历史上,几乎没有哪一个其他哲学家能在研究著述的广泛性上望其项背,他对中国传统文化和哲学的贡献是巨大的"[②],其思想成为中国古代元以后的官方意识形态,并成为朝鲜和日本江户时期的官学,是中华文明、东亚文化圈的主要思想形态。经过长期的发展演变,朱子思想业已积淀为民族文化的深层结构,对民族思维方式、理想人格、价值取向、心理习惯和行为方式产生潜移默化的影响和作用,在中国文化史上占有重要而不可替代的地位。

---

① 钱穆:《朱子新学案》,三民书局1971年版,第1页。

② 陈来:《朱子哲学研究》,华东师范大学出版社2000年版,第12页。

至今,朱子文化历经800多年的时代变迁和历史发展,已融入中华民族精神的血脉之中,成为全民共同的社会心理、价值体系、思维定式和文化精神,加强保护、传承和弘扬朱子文化,具有重要的时代意义和现实价值。

(一)朱子文化是当代中国文化和道德体系的历史根系之一

在中国文化思想史上,朱子文化占有不可替代的地位。汉唐以降儒学不振,一直到宋代儒家文化才开始走上复兴的道路,朱子思想是这一时期儒家文化发展的最主要代表。朱子一生著述丰富,为后世留下了70余部460多卷著作,把中国传统文化发展到了一个新阶段。他重视对文化的传承和创新,用毕生精力对《四书》进行了集结与诠释,对古代文化做了全面整理,担当起了自尧、舜、禹、文、武、周公、孔、孟一脉相承的道统,尤其是对儒家核心价值体系的传承,对中华民族价值观的形成和巩固发挥了重要作用。

朱子文化在中国文化史上占有重要地位,是东亚文化共同体的文化源泉,是世界文化宝贵的精神财富。著名哲学家张立文先生从七个方面概括了朱子文化的基本精神,即求理精神、主体精神、忧患精神、力行精神、求实精神、道德精神、开放精神。[①] 朱子的政治实践、社仓建设、书院教化、家礼的推广与普及都是其基本精神的具体落实,朱子主张的理一分殊、主敬穷理、正心诚意、文化承传、以家为本、关爱民生、教化天下等思想,都是朱子思想基本精神的具体展开。虽然在历史发展和时代背景的变化中,朱子思想的一些观点和价值理念失去了原有的意义和价值,但是蕴含在其思想深处的求理、求实、主体、忧患、力行、道德、开放等基本精神,深深地扎根于中华民族文化的传统之中,生长在民族心理的结构之上,体现了历史的脉搏、时代的精神,是当代中国文化和道德体系的历史根系之一。因此,加强朱子文化的研究,对传承中华历史文脉具有重要价值。我们要着力研究朱子文化与现代化的关系,研究朱子文化精神的现代转化,深入挖掘朱子思想所蕴含的与当代社会主义核心价值观相契合相一致的精神资源,以时代精神激活中华优秀传统文化的生命力;坚持以社会主义核心价值观为引领,改造中华

① 张立文:《朱熹评传》(上),南京大学出版社2011年版,第49页。

传统文化,让中华优秀传统文化滋养和培育社会主义精神文明,使传统文化精神转化为现代文化精神,与现代社会接轨,为现代社会生活所需要,以当代青年喜闻乐见的形式传播,发挥朱子文化在社会主义核心价值观教育中的积极作用。

(二)朱子文化与社会主义核心价值观融通契合,为社会主义核心价值观提供深厚的文化底蕴

党的二十大报告指出:“中华优秀传统文化源远流长、博大精深,是中华文明的智慧结晶,其中蕴含的天下为公、民为邦本、为政以德、革故鼎新、任人唯贤、天人合一、自强不息、厚德载物、讲信修睦、亲仁善邻等,是中国人民在长期生产生活中积累的宇宙观、天下观、社会观、道德观的重要体现,同科学社会主义价值观主张具有高度契合性。”①作为中华优秀传统文化精华的朱子文化,其思想内涵包含了人民群众日用而不觉的共同价值观念,总体上与社会主义核心价值观相通,符合社会主义核心价值观的内在要求,对于培育和践行社会主义核心价值观,推进新时代中国特色社会主义核心价值观建设,具有十分重要的意义。

《大学》是儒家的经典著作,朱子对之尊崇备至,一生都在为此书注释。《大学》中广为流传的“修身、齐家、治国、平天下”,“修身”位列第一,强调了个人品德的重要性,朱子认为治国在于齐家、齐家在于修身、修身依靠正心诚意,这也是朱子认为读四书五经首先要读《大学》的根本原因。2014 年 5 月 4 日,习近平在北京大学师生座谈会上的讲话中指出:“中国古代历来讲格物致知、诚意正心、修身齐家、治国平天下。从某种角度看,格物致知、诚意正心、修身是个人层面的要求,齐家是社会层面的要求,治国平天下是国家层面的要求。我们提出的社会主义核心价值观,把涉及国家、社会、公民的价值要求融为一体,既体现了社会主义本质要求,继承了中华优秀传统文

---

① 习近平:《高举中国特色社会主义伟大旗帜　为全面建设社会主义现代化国家而团结奋斗——在中国共产党第二十次全国代表大会上的报告》,人民出版社 2022 年版,第 18 页。

化,也吸收了世界文明有益成果,体现了时代精神。"[①]2016 年 5 月,在哲学社会科学工作座谈会上的讲话中,习近平总书记提到了宋明理学和朱子,认为宋明理学是中华文明数个学术思想繁荣期之一,朱子是中华民族漫漫历史长河中涌现的思想大家之一,留下的文化遗产包含着丰富的哲学社会科学内容和治国理政智慧。习近平总书记还引用并高度赞扬了朱子的"民本思想",他在十九届中央政治局第六次集体学习时强调:"'国以民为本,社稷亦为民而立。'加强党的政治建设,要紧扣民心这个最大的政治,把赢得民心民意、汇集民智民力作为重要着力点。"[②]"国以民为本,社稷亦为民而立"出自朱子的《四书章句集注》,针对孟子提出的"民为贵,社稷次之,君为轻"思想主张,朱子解释道:"盖国以民为本,社稷亦为民而立,而君之尊又系于二者之存亡,故其轻重如此。"(《四书章句集注·孟子集注·尽心章句下》)其意是指"国家以人民为根本,也是为人民而设立"。可见,新时代大力倡导的社会主义核心价值观与中华优秀传统文化、与朱子思想有关,在其中都能找到出处和源头,反映了朱子思想和中华优秀传统文化及其内在精神具有超越时代的普遍价值。择其要者,略作阐释,更多内容详见本书其后章节。

富强、民主、文明、和谐是国家层面的社会主义核心价值观,它们规定着人与家国、人与时代、人与政治的关系。朱子国家治理中的富强、民主、文明、和谐思想与社会主义核心价值观存在着某种内在联系。

朱子在注《论语》时指出,良好的国家政治需要"庶"(民众)、"富"(民生)、"教"(教育)三者的综合作用。他说:"庶而不富,则民生不遂,故制田里,薄赋敛以富之。富而不教,则近于禽兽。故必立学校,明礼义以教之。"(《四书章句集注·论语集注·子路》)即认为不富民将导致民生不遂。借鉴朱子的富民思想,并赋予富强新的含义,是社会主义核心价值观倡导的国家富强的传统文化来源。"民主"一词在朱子的语汇里偶有出现。例如,朱子说:"周公不欲斥言王幼不能,故言王若不敢及天之初命定命,则不得不嗣摄

① 习近平:《习近平在北京大学师生座谈会上的讲话》,发表时间:2014 年 5 月 5 日,检索时间:2022 年 11 月 13 日,http://edu.people.com.cn/n/2014/0505/c1053-24973276.html。

② 习近平:《习近平谈治国理政(第三卷)》,外文出版社 2020 年版,第 95 页。

政事，保佑王躬，而相此洛邑，以为王当于此初作民主也。”[1]这里的“民主”是人民的君主，还不具备当今社会主义民主的内涵。不过作为一种选贤任能的方式，朱子语汇里的“公议举人”已初见今天民主政治的端倪。“文明”一词古意更多指人的教养和开化，代表着经天纬地、照临四方的人类精神成果。朱子说：“礼本是文明之理，其发便知有辞逊。”[2]意思是说礼节本来是文明的道理，它表现出来便是懂得言辞谦逊。朱子赞同前人对《周易》“同人”的解释，认为文明就是能够英明地治理，所以能够明白大同社会的要义；刚健有为就能克制自己的欲望，所以能够竭力领悟大同之道。正是在这种文明的教化之下，中华民族在长期的历史发展中不仅物质文明昌盛，而且博得礼仪之邦的美誉，其文化照临天下。

社会主义核心价值观在社会层面上倡导自由、平等、公正、法治。社会主义的自由，是对资本主义社会中自由狭隘、抽象的成分做出的摒弃，不仅使社会成员在经济上共有生产资料，而且使他们在政治上共享平等权利，让最广大的人民群众享有最广泛的自由权利。朱子所理解的自由，主要是指身心精神不受约束的自由，是指生命体验达到天人合一、“心与理一”境界之后的一种自由和快乐，也就是孔颜乐处、曾点气象。朱子说：“释氏欲驱除物累，至不分善恶皆欲扫尽，云凡圣情尽即如知佛，然后来往自由。吾道却只要扫去邪见，邪见既去，无非是处，故生不为物累，而死亦然。”[3]“与万物为一，无所窒碍，胸中泰然，岂有不乐？”[4]“只怕志不立，若能立志，气自由我

---

① 朱杰人、严佐之、刘永翔主编：《朱子全书》第 24 册，上海古籍出版社、安徽教育出版社 2002 年版，第 3902 页。

② 朱杰人、严佐之、刘永翔主编：《朱子全书》第 16 册，上海古籍出版社、安徽教育出版社 2002 年版，第 1916 页。

③ 朱杰人、严佐之、刘永翔主编：《朱子全书》第 18 册，上海古籍出版社、安徽教育出版社 2002 年版，第 3944 页。

④ 朱杰人、严佐之、刘永翔主编：《朱子全书》第 18 册，上海古籍出版社、安徽教育出版社 2002 年版，第 3686 页。

使。”[①]“古人终日只在礼中,欲少自由,亦不可得。”[②]“平等”作为社会主义核心价值观的重要内涵,与中华传统文化思想的平等观念密切相关。理学家程颐指出:“夫以海宇之广,亿兆之众,一人不可以独治,必赖辅弼之贤,然后能成天下之务。自古圣王,未有不以求任辅相为先者也。”[③]朱子也上疏批评宋宁宗“独断”。他们均提倡建立一个“天下为公”,人人各得其所的公平社会。孔子提倡均等、平均,认为其重要性在寡、贫之上。“丘也闻有国有家者,不患寡而患不均,不患贫而患不安。盖均无贫,和无寡,安无倾。”(《论语·季氏》)朱子对此注曰:“寡谓民少,贫谓财乏,均谓各得其分,安谓上下相安。季氏之欲取颛臾患寡与贫耳,然是时季氏据国而鲁公无民则不均矣,君弱臣强,互生嫌隙则不安矣,均则不患于贫而和,和则不患于寡而安,安则不相疑忌而无倾覆之患。”(《四书章句集注·论语集注·季氏》)即认为即使在贫而寡的情况下,也应平均分配财货,以避免因不平等而造成的嫌隙带来的倾覆之患,表现出对均平的重视和追求。

又如朱子强调公正。他说:“天下之事,必得刚明公正之人,而后可任也。”[④]要求“明主进贤退奸,大开公正之路,使宗社尊安,生灵有庇,则熹之受赐厚矣”[⑤],认为只有开公正之路,才能使国家长治久安,民众受到保护。君主选任公正之人,才能担当天下大事。联系朱子关于德、礼、法的思想,我们会深刻认识到,对于行为已经失范之后的惩戒需要用法。用法的目的是使人们“远罪”。朱子说过:“号令既明,刑罚亦不可弛。苟不用刑罚,则号令徒挂墙壁尔。与其不遵以梗吾治,曷若惩其一以戒百?与其核实检察于其

---

① 朱杰人、严佐之、刘永翔主编:《朱子全书》第14册,上海古籍出版社、安徽教育出版社2002年版,第944页。

② 朱杰人、严佐之、刘永翔主编:《朱子全书》第15册,上海古籍出版社、安徽教育出版社2002年版,第1299页。

③ 程颢、程颐:《二程集》,中华书局2004年版,第518页。

④ 朱杰人、严佐之、刘永翔主编:《朱子全书》第20册,上海古籍出版社、安徽教育出版社2002年版,第599页。

⑤ 朱杰人、严佐之、刘永翔主编:《朱子全书》第21册,上海古籍出版社、安徽教育出版社2002年版,第1211页。

终,曷若严其始而使之无犯?做大事,岂可以小不忍为心?”[①]从中可以看出,这是朱子理学“法治”思想治理社会层面的朴素辩证思维。

爱国、敬业、诚信、友善是个人层面的核心价值,它们规定着民众个人与国家、与事业、与他人之间的关系。诚信、友善、敬业、爱国本来就是传统文化的内容。朱子个人修为思想中的爱国、敬业、诚信、友善等观点在许多方面可以进一步丰富社会主义核心价值观的内涵。

朱子具有强烈的爱国意识和忧患意识,他一生追求国家统一,尊王攘夷,严华夷之辨,常常“朝夕忧虑,以天下国家为念”[②]。对“诚”的解释则是“真实无妄”。诚是天道,信是人道。天人合一,诚信二字。推行礼乐之教,达到友善敬业,则必须以诚信为本。“信”是友善和敬业的基础。“人不忠信,则事皆无实,为恶则易,为善则难,故学者必以是为主焉。”(《四书章句集注·论语集注》)敬业精神是中华民族的基本精神。朱子亦要求“敬业者,专心致志以事其业也”[③],即用专心致志的态度对待自己的工作,认真负责,精益求精。这就是敬业的表现。关于友善,朱子不仅看到了友善的重要性,而且要求在日常生活中贯彻善的原则。他说:“君子不以善小而不为,不以恶小而为之,积小善必成大功。”(《论语精义·子罕》)强调积小善为大善,必然成功,不因善小而不为。

由上可见,社会主义核心价值观的基本内涵都与朱子思想密切相关,在各个方面体现了朱子思想对当代社会主义核心价值观的影响,反映朱子思想具有超越时代的普遍价值,对中国社会与中国文化的持续发展继续发挥着影响和作用。

---

① 朱杰人、严佐之、刘永翔主编:《朱子全书》第17册,上海古籍出版社、安徽教育出版社2002年版,第3524页。

② 朱杰人、严佐之、刘永翔主编:《朱子全书》第18册,上海古籍出版社、安徽教育出版社2002年版,第3159页。

③ 朱杰人、严佐之、刘永翔主编:《朱子全书》第2册,上海古籍出版社、安徽教育出版社2002年版,第537页。

（三）对朱子文化的研究，应把历史的观点与现实的观点结合起来，以探讨朱子文化与现代社会发展的关系

朱子文化是在特定的历史背景下产生的，其中的部分理论、观点和思想，不可避免地会受到当时人们认识水平、时代条件和社会制度的制约、影响和限制，而存在陈旧过时的东西。因此，要把朱子文化中“跨越时空、超越国度、富有永恒魅力、具有当代价值的优秀成分”，包括有益于新时代经济、政治、社会、文化、生态发展的思想观念、人文精神、道德规范、传统美德以及治国理政的经验等内容提炼出来。在新时代，挖掘研究朱子文化，必须时刻坚持马克思主义的立场，采取客观、科学、礼敬的态度，结合社会发展的实际，坚持古为今用、推陈出新，有鉴别地加以利用，有扬弃地予以继承。在这个过程中，弘扬朱子文化中包含的中华民族优秀传统文化；同时清理其流弊，这对于中国文化走向未来，走向新时代，具有十分重要的意义。通过对朱子文化的现代审视、反思和改造、发展，深入挖掘和阐发朱子文化的合理内核与当代价值，使其与现代化和现代社会发展的实践相结合，与当代文化和社会生活相适应、相协调，从而使朱子文化在现代化进程和当代中国新文化建设中发挥应有的积极作用。

四、在传承创新转化朱子文化中，推进大学生社会主义核心价值观教育

大学是文化陶冶和价值教化的重要场所，肩负着推进中华民族文化传承的重要使命。大学教育以青年学生为对象，必须始终贯彻立德树人、文化育人的方针，文化传承要体现在大学文化育人的实践中，要在传承创新转化传统文化中，汲取朱子文化价值观的营养，推动朱子文化进校园、进课堂，构建“大思政课”育人体系，不断推进大学生社会主义核心价值观教育。

第一，普及推广朱子文化，推动朱子文化通俗化、大众化。

朱子思想体系宏大深奥，朱子文化内涵博大精深，如何使朱子文化从艰深晦涩的学术话语体系变得通俗易懂、雅俗共赏，并发挥潜移默化的价值观

教育作用,是高校和朱子文化研究者共同的使命和任务。高校是朱子文化的传承高地和优秀传统文化传承者,要结合当前大学德育的实际和大学生身心发展特点,以传承和弘扬朱子文化为切入点,做好朱子文化与社会主义核心价值观的融合文章,在大学生中广泛开展朱子文化普及教育活动,如创建朱子校园文化、开设朱子讲堂、成立朱子文化研究社团、学习探究朱子的理学思想、开展朱子理学课题研究、建设富有朱子文化品位的美丽校园环境等;必须结合时代发展的新特点和新要求,立足社会实践的新变化和新需要,用现代的思维方式、思想观念,赋予朱子文化以新的时代内涵和表达形式,组织学者专家编写通俗化、大众化的适用教材和宣传读本,如朱子文化的读本、注本、绘本、译本和演本、唱本等"六本"读物和校本教材。要抓住青年大学生的接受习惯和审美心理,通过创新传播形式,拉近古与今的距离,充分发掘优秀传统文化的经典与精华,并借助高科技的技术和手段,予以现代转换。以富有创意的形式将古今融通,使历史与现实、传统与未来完美融合,使高大艰深的理学思想体系走向生活、走向学生日常,并将之当代化,构建行之有效的社会主义核心价值观育人体系,帮助学生确立对朱子文化的体验与认同,使中国传统文化得以延续。这也是本书编写的初衷和愿景。

第二,把学习朱子文化与践行和培育社会主义核心价值观结合起来,使中华文化、朱子文化成为涵养社会价值和大学生个人美德的源泉与基础。

深入挖掘朱子文化特色内涵,依托德育体系开展朱子文化特色创建,积极组织学生开展"重走朱子之路活动",走朱子之路,行朱子之道,让莘莘学子在潜移默化中得到熏陶。结合培育社会主义核心价值观,挖掘弘扬朱子文化精髓。一方面,朱子文化中的许多人伦观、道德观、修养观、价值观与新时代所提倡的社会主义核心价值观是一脉相承的,仍需要在学生中积极培育和践行。朱子文化蕴含着中华民族讲伦理、明道理,立志发奋、注重气节,以理说情、自我节制,重义守信、孝顺谦和、敬业乐群等美德;朱子思想中格物穷理的探求品格、自我否定的辩证意识、自强不息的民族精神和兼收并蓄的开放精神等,都是涵养社会价值和大学生个人美德的源泉与基础。另一方面,在宣传和践行社会主义核心价值观的时候,应该大力宣传朱子文化中的修身求仁、家庭美德、社会公德的思想，要宣扬朱子文化中士子的社会责任和爱国主义的高尚情操，要宣传朱子文化中的关乎人文、以化天下的教育思想以及人与自然和谐相处的思想等，这些朱子文化中与社会主义核心价值观相一致的合理内核，应该在社会主义核心价值观的倡导和践行中得到大力发扬。因此，要加大朱子文化研究力度，进一步挖掘朱子文化中"孝、义、信、敬、和"等精髓，并与社会主义核心价值观中所提倡的爱国、敬业、诚信、友善等思想内核结合起来，使之成为大学生践行社会主义核心价值观的重要文化支撑。

第三，引导大学生深入研习朱子文化，主动做传承和弘扬中华优秀传统文化的勤奋学习者、坚定传承者、热情传播者。

不忘本来才能开创未来，坚持继承才能不断创新。习近平指出："优秀传统文化是一个国家、一个民族传承和发展的根本，如果丢掉了，就割断了精神命脉。我们要善于把弘扬优秀传统文化和发展现实文化有机统一起来，紧密结合起来，在继承中发展，在发展中继承。"[①]将古代文化进行全面整合的朱子文化是中国传统文化体系中的历史根基，其中蕴含了丰富的哲学思想、人文理念、教育观念等，是中华优秀传统文化的重要组成部分，这些思想和文化不仅在当时发挥了促进社会秩序稳定和民族关系和谐的作用，对于当今时代也具有积极的启迪意义。中国文化之所以能成为世界上唯一古今连续不断发展的文化，就在于儒家具有文化传承的历史自觉。朱子广泛继承了儒家的学术文化，作为理学的集大成者，他耗尽毕生精力对四书进行了重新集结与诠释，是文化继往开来、传承创新的典范。今天，我们要积极引导青年学生认真学习、深入研习朱子文化经典作品，细致理解朱子文化的精神和内涵，树立正确价值观，坚定民族文化自信，弘扬和传承中华民族优秀传统文化，做传统文化的学习者、传承者、传播者。

---

① 习近平：《习近平在纪念孔子诞辰2565周年国际学术研讨会暨国际儒学联合会第五届会员大会开幕会上的讲话》，《人民日报》2014年9月25日。

结　语

习近平总书记在党的十九大报告中提出，要“推动中华优秀传统文化创造性转化、创新性发展”，在党的二十大报告中又指出，坚持和发展马克思主义，必须同中国具体实际相结合、同中华优秀传统文化相结合。中华优秀传统文化“两创”和“第二个结合”的精辟论断，开辟了马克思主义中国化时代化的新境界，阐释了继承和发扬中华优秀传统文化的实践路径，为继承和弘扬朱子文化提供了理论支撑，是高校教育引导大学生研习、传承朱子文化，培育和践行社会主义核心价值观的重要指导思想。对待传统文化要“辩证取舍、推陈出新，摒弃消极因素，继承积极思想，‘以古人之规矩，开自己之生面’”，把朱子文化以更灵动、更年轻的形态，全方位、多层次、深度触达年轻群体，以时代精神不断激发朱子文化新活力，实现朱子文化的创造性转化和创新性发展。

国家篇

富强、民主、文明、和谐，是从国家层面提出的社会主义核心价值观，是我国社会主义现代化国家的建设目标，在社会主义核心价值观中居于统领地位。富强是基，是民主、文明、和谐的物质基础；民主是盾，是富强、文明、和谐的制度保障；文明是经，是富强、民主、和谐的纽带；和谐是形，是富强、民主、文明的实现条件。

富强是社会主义的应然状态。民富国强、富国强兵是中华民族梦寐以求的美好夙愿，也是国家繁荣昌盛、人民幸福安康的物质基础，集中体现了中国特色社会主义现代化的价值目标和价值追求，与中华民族伟大复兴的共同愿景高度契合。朱子继承和发扬孔子为政以德的治国思想，他的“养民为本”、正经界以整顿吏治，反对议和以维护国家尊严，强军以实现国家统一等富强思想，对社会主义核心价值观倡导的富强观有很大的启发。

民主是人类社会的美好诉求。我们追求的民主是人民民主，其实质和核心是人民当家作主。它是社会主义的生命，也是创造人民美好幸福生活的政治保障。朱子提出“国以民为本”“保民而王”“得其心，则天下归之”，其民本思想的基本原则是“得其心(即得民心)”，包括爱民如子、取信于民、与民同乐、富民为本等内容。朱子的这些思想具体体现在其关于政治、经济、社会、教育等各个方面的阐释中，是当代社会主义核心价值观倡导的民主观的传统文化来源，也是建设社会主义民主政治具体措施的历史借鉴。

文明是社会进步的重要标志，也是社会主义现代化国家的重要特征。它是社会主义现代化国家文化建设的应有状态，是对面向现代化、面向世界、面向未来的，民族的科学的大众的社会主义文化的概括，是实现中华民族伟大复兴的灵魂支撑。在古代社会，“文明”一词多指人的教养和开化，代表着经天纬地、照临四方的人类精神成果。朱子说：“礼本是文明之理，其发便知有辞逊。”“离丽文明，电日而火。”朱子的经济思想、政治思想、教育思想、人与自然关系的论述中都包含了大量今天关于物质文明、精神文明、政治文明、生态文明等的认识和主张，是社会主义核心价值观倡导的文明观的历史积淀，新时代新文明就是要以传统文明为纽带，传承中国人之文化、气节和修养。

和谐是中国传统文化的基本理念，集中体现了学有所教、劳有所得、病有所医、老有所养、住有所居的生动局面。它是社会主义现代化国家在社会建设领域的价值诉求，是经济社会和谐稳定、持续健康发展的重要保证。朱子的和谐思想主要有“正心、修身、致中和”的身心和谐，“孝”和“亲密其亲”的家庭和谐，“敦伦睦族”“协和万邦”的社会和谐，“保合太和”“天人相与”的人与自然和谐。朱子和谐思想是儒家和谐理念的发展，是当代社会主义核心价值观倡导的和谐观珍贵的思想遗产，值得继承和发扬。

富强

——民富，则君不至独贫

富强是社会进步、个人自由发展的物质基础和制度保障；富强是中华民族千年来的梦想，是国家繁荣昌盛、人民幸福安康的物质条件；富强是中国共产党人的不懈追求，是社会主义现代化国家的应然状态。富强体现了马克思主义唯物史观的根本要求，也集中体现了中国共产党人的奋斗目标。

在中国传统典籍中，“富”指资产财物丰厚，即“丰于财”，“多财曰富”；“强”的本义是“弓有力”，引申出“壮盛”的意思。虽然在儒家典籍中“富强”作为一个词或者“富”“强”分别单独出现的频率并不高，但人们对富裕、富足生活的向往一直存在。如我国第一部史书、古代世界著名历史典籍之一的《尚书》中的“裕民”“惠民”等，表达的都是古人对富裕、富足生活的向往，对国家富强、强盛的要求。[①] 儒家以仁义为核心思想，更加重视“富民”，强调“富民优先”。在孔子看来，“政之急者，莫大乎使民富且寿也”，“省力役，薄赋敛，则民富矣；敦礼教，远罪疾，则民寿矣”(《孔子家语・贤君》)。民富、民寿是为政之急，因而要省役薄税，“不与民争利”“藏富于民”，这体现了儒家“惜民”“养民”“富民”的“民富国强”之国家治理之策。朱子继承和发扬了孔子“为政以德”的治国思想，提出了一系列关于富强的思想理念。

一、国富与民富相辅相成

人民富裕与国家强盛之间往往并不完全一致。在人类历史上，存在过国弱民富或国强民贫的极端状态。譬如中国的北宋，全盛时期的国民生产总值是清朝康乾盛世时期的五倍以上，其都城汴梁的兴盛繁荣远非强汉盛

① 倪霞等:《社会主义核心价值观・关键词富强》，中国人民大学出版社 2015 年版，第3 页。

唐的长安所能比拟。民众衣食无忧，生活富足闲适。但是，赵宋王朝以文立国，国势软弱，在其他政权的压力下迁徙辗转，最终灭国。也有一些朝代，片面强调国家的强大，忽视人民需求和幸福，虽盛极一时，却虚幻短暂，难以持久。比如，春秋战国时期，商鞅变法之后的秦国迅速崛起，终结了诸侯割据的战国，统一了天下。秦王朝通过愚民、辱民、穷民的"弱民"法令和措施实现了军事上的强大和经济上的富足，却使民众生活在蒙昧、卑贱和贫穷之中。结果，仁义不施、如狼似虎的强大秦王朝未能逃过"其兴也勃焉，其亡也忽焉"的命运，最终在农民起义的烽火中迅速灭亡。可见，国家不富强，人民的富裕得不到保障；人民不富裕，国家的强盛不可能持续。[①]

因此，我们要认识到国富与民富是辩证统一的关系。一方面，国家强盛和人民富裕互为条件，相辅相成。另一方面，人民富强是国家富强的基础和体现，人民的自由和幸福是国家强盛的最终目标。这种辩证统一的关系也反映在朱子的治国思想之中。朱子认为君王要视百姓为自家的百姓，要爱民如子，国家财政应以养民为本，富国和为民要相行并举。

原典

问："如李悝尽地力之类，不过欲教民而已，孟子何以谓任土地者亦次于刑？"曰："只为他是欲富国，不是欲为民。但强占土地开垦将去，欲为己物耳，皆为君聚敛之徒也。"(《朱子语类》卷第五十六)

翻译

有人问："像李悝充分利用土地之类，不过是教令民众发展农业生产，孟子为何说主张开垦荒地以增加收成的人也该受次一等的处罚？"朱子说："只因为他的出发点在于富国，而不是为了民众。强行开垦荒地只是为了一己之私，所为者都是那些为君王聚敛财物之徒。"

① 倪霞等：《社会主义核心价值观·关键词富强》，中国人民大学出版社2015年版，第8页。

原典

民富，则君不至独贫；民贫，则君不能独富。（《论语集注·颜渊第十二》）

翻译

民富，那么君王就不至于独自陷于贫困；民贫，那么君王就不能独自富裕。

解析

富强必须以惜民、爱民为前提，并给予仁义的教化。像李悝尽地力，商鞅开阡陌，都只是致富强而已，无教化仁爱之本，没有把爱民、养民作为前提的富强也是不当的。富强必须以“养民为本”。国富与民富是辩证统一的关系。“民富”是“君富”的基础，百姓富足了，君（国）也不会贫困；但是，如果靠“夺民之财”而“富其君”，看来“君”是富了，可老百姓却一贫如洗。这种过分的盘剥与聚敛不仅不利于经济的发展，而且势必导致乱象萌生，而那各路英雄觊觎皇位的历史悲剧又将重演，从而使封建统治秩序受到沉重打击，这当然为替整个地主阶级利益着想的朱子所不取。因此，朱子的“民富”论与“君富”论从民本思想出发，阐明了政府“殷民阜财”、发展经济对于治国的重要性。

二、鼓励农业生产以富民

中国自古以来就是重视农业生产的国家，发展农业，是最基本的发展途径。朱子就非常重视农业生产，认为百姓安居、人口增长之本在粮食，足食之本在农业生产，这是自然之理。他还指出官吏虽然不直接参加农业生产，但是组织和管理好当地的农业生产是责无旁贷的，是他们应尽的职责。朱子不仅自己主张重农，还亲自课农，对农事非常熟悉。

原典

种田固是本业，然粟、豆、麻、麦、菜蔬、茄芋之属，亦是可食之物，若能种

植,青黄未交,得以接济,不为无补。(《劝农文》)

翻译

种田固然是本业,但是粟、豆、麻、麦、菜蔬、茄芋之类,也是可以食用之物,若能种植,青黄交替之际可以用来接济补充。

原典

陂塘之利,农事之本,尤当协力兴修,如有怠惰,不趁时工作之人,仰众列状申县,乞行惩戒。((《劝农文》)

翻译

兴修水利是农事的根本,应当齐心协力,如有怠惰不按时修建灌溉工程的人,众人可以向官衙罗列其行状,对其进行相应的惩罚。

解析

朱子肯定农业的重要性,主张朝廷和地方各级官吏要重视农业生产。在他看来,如果不发展农业生产,就不能养民、富民。为了发展农业生产,朱子提出兴修水利,及时耕作,勤力不误工,对怠惰的人进行惩罚。朱子还提出了许多有利于农业生产的办法,如奖励垦荒、抑制豪夺、节用薄赋等。另外,为了富民,朱子还鼓励多种农业经营,认为种田固是本业,然而粟、豆、麻、麦、菜蔬、茄芋之属,亦是可食之物,若能种植,青黄未交,得以接济,应广行栽种。朱子重视农业生产,还表现在他重视提高农业生产效率,重视农业生产的积累。他在五夫推广应用社仓,就是保农利农措施的一次广泛运用。朱子让农民在农业生产中应用统筹、商业流通技巧,为减灾防灾打下基础,也为农民提供了一条创造集体财富、共同抵御灾难的有效途径。

三、富强有赖于施仁政

朱子认为国家要富强,百姓要富裕,这一切都有赖于一代君主圣王治理国家的仁政开明。朱子将心术作为衡量理想中君王的标准,只要君主内在德性充盈，存天理去私欲，就自然能在治国理民的社会政治运作过程中取得良好的效果。君心正，推而及于朝廷百官，才谈得上正朝廷、正百官，实行王道政治，自然天下大治；反之，如果君心不正，则必然导致天下大乱。朱子认为统治者先要通过自身的学习修养，而恢复至善的"天命之性"，并以此来教化百姓，使所有百姓最终都能恢复"天命之性"。如此，所有人都能明人伦，亲其亲，长其长，而不会做出违背道德和礼的事情，从而达到天下太平。朱子在这里明确指出了为政者先修身而后治国平天下的逻辑顺序，而要修身，则必先正心。

原典

德与政非两事，只是以德为本，则能使民归。……故不待作为，而天下归之，如众星之拱北极也。(《朱子语类》卷第二十三)

翻译

为德与为政并非两件事，只是为政以德为本，则能使民众归依。……只要用道德的力量来治理国家，哪怕不用做什么，就能使天下之民归附，就像天上的众星拱卫着北极星。

原典

政者，法度也。法度非刑不立，故欲以政道民者，必以刑齐民。(《朱文公文集》卷第四十一)

翻译

政治体现于法度之中。法度没有刑罚不立，所以如果要实现清明有效的国家治理，就必须用刑罚来规范民众。

解析

朱子基于"为政以德"思想，提出了一套以正君心、行仁政、倡德治、崇教化为主要内容的治国理论体系。其核心是儒家传统的内圣外王和仁政德治思想。他认为，国家的兴衰、政治的好坏、风气的正邪，都取决于君王心术。只有君王的心正，政才能正。而要正君心，就要格君心之非。朱子还强调，官员在正君心之前，先要提高自己的道德素养，即要先“正己心”。只有自己身心正，才有可能、有资格去劝化君王。

朱子还以效能作为政治原则和政治目的。在义利上，要重义轻利，以义制利，治国要以仁义为先，不要以功利为争。在王霸问题上，提出尊王贱霸。“王道”，即儒家以仁义道德作为统治原则和目的的理想政治；“霸道”即法家强调以效能作为政治原则和政治目的的政治理想。朱子主张，要实行以仁义治天下的仁德政治、王道政治，以仁义之心平天下，使天理流行，天下之人都有仁爱之心。

以德治国，就是以马列主义、毛泽东思想、邓小平理论和“三个代表”重要思想、科学发展观、习近平新时代中国特色社会主义思想为指导，以为人民服务为核心，以集体主义为原则，以爱祖国、爱人民、爱劳动、爱科学、爱社会主义为基本要求，以社会公德、职业道德、家庭美德、个人品德的建设为落脚点，建立与社会主义市场经济相适应、与社会主义法律体系相配套的社会主义思想体系，并使之成为全体人民普遍认同和自觉遵守的行为规范。领导干部在社会中的地位和作用，决定了“官德”建设对以德治国进程的影响和导向。毛泽东同志在中华人民共和国成立之初曾经指出，治国就是治吏，礼义廉耻，国之四维，四维不张，国将不国。“官”为民之表率，“官风”决定着民风。领导干部特别是高级领导干部，是从群众中产生的，他们的道德行为应成为群众的楷模和标杆。领导干部对自己所倡导的道德身体力行，就会以自己的榜样和模范行动来影响广大群众，他就有人格魅力，就有威望，恰如古人所说：“未有身正而影曲，上治而下乱者。”相反，如果领导干部不能以身作则，以道德来规范自己的行为，言行不一，甚至贪污腐败却不以为耻，就不能做人民群众道德的表率，对人民群众的道德教育就成为空洞乏力的说教，以德治国就会遇到很大阻力。正所谓“其身正，不令而行；其身不正，虽令不从”。人们常说的“上梁不正下梁歪，中梁不正倒下来”就是这个意思。领导干部自身道德水平不高，还会使一些群众产生失望情绪，从而降低对自身的道德要求，导致“官德毁则民德降”的不良后果，给国家、社会和人民带来灾难。

“以德先之，以刑辅之。”以刑辅之，当前体现为依法治国。依法治国就是依照体现人民意志和社会发展规律的法律治理国家，而不是依照个人意志、主张治理国家；要求国家的政治和经济运作、社会各方面的活动通通依照法律进行，而不受任何个人意志的干预、阻碍或破坏。简而言之，依法治国就是依照宪法和法律来治理国家，是中国共产党领导人民治理国家的基本方略，是发展社会主义市场经济的客观需要，也是社会文明进步的显著标志，还是国家长治久安的必要保障。依法治国，建设社会主义法治国家，是人民当家作主的根本保证。

四、治军省赋是爱民养力的根本

朱子认为，治军省赋是体恤百姓的根本。宋代的军费开支庞大，且军费多来自百姓的赋税，如果不治军则百姓负担必然日益沉重。如果朝廷不能节用，国家财政出现大量缺口，必然衍生出横征暴敛等诸多弊端，其结果是殃及百姓，仁爱之心成了一句空话。另外，朱子也提出要把奢靡享乐的钱用作军资，以图收复失地。

原典

臣尝谓天下国家之大务莫大于恤民，而恤民之实在省赋，省赋之实在治军。若夫治军省赋以为恤民之本……（《庚子应诏封事》）

翻译

我曾经说天下国家之大事莫大于体恤百姓，而体恤百姓最实在的在于减轻赋税，减轻赋税最切实的在于治军。治军省赋是体恤百姓的根本……

解析

南宋所征收的财赋大都用于养兵，军队开支都来源于百姓的赋税，所以百姓负担极其沉重。朱子认为要恤民只有省赋一法，但百姓赋重又主要是因为军费浮冗。因而，朱子主张治军，只有治理好军队，整顿好军务才能减轻百姓的负担。朱子指出，由于统治者不知恤民地横征暴敛，天下百姓已经到了“憔悴穷困”“元气日耗，根本日伤”的地步，如不加体恤，社会矛盾必将愈演愈烈，不可救药。针对军费浮冗，朱子提出了三条解决办法：“选将吏，核兵籍，可以节军赀；开广屯田，可以实军储；练习兵民，可以益边备。”首先，朱子对军队的弊端做了分析后指出，南宋军队的最大问题是干部队伍的选拔。原来它主要依靠两条途径：一是靠关系，二是掏钱。因而军队中的将领往往都是些凡庸俗流。这些人一到任想的就是如何捞回为得到此职所花费的金钱，于是拼命搜刮刻剥士兵，中饱私囊，还想方设法讨好上级以得到擢升提拔。对此，朱子深感不安，认为解决的最好办法就是公选将帅。而核兵籍主要是针对冗军、耗费多提出的。核兵籍即检查核实军籍，把老弱病残、不务正业及不称职的官兵尽行剔除出去。精化在编人员，做到少而精，既能提高战斗力，又可以达到省赋治军的目的。其次，实行军队屯田以开源。南宋兵员甚多，民众负担甚巨，以致民贫财匮，况且当时荒地甚多，具备屯田的前提条件，故朱子主张开广屯田。屯田可令军队无补给之忧，又可纾民困，这样就可实现军队的自给，又能解决官兵靠百姓养的问题。他还认为应当以屯田的业绩作为官员考核的依据，使官员能尽心尽力做好屯田工作。最后，练习兵民。朱子赞赏那些善于利用民力者，认为可以招收流民、饥民充任士兵，进行训练，这样便可内以壮军势，外以詟虏情。这实际上就是“兵以民为本”的问题，“水不外于地，兵不外于民”。以民为兵之本，既可解兵力不足之患又可以防止饥民造反，稳定维护国家统治，强调兵民相合、和衷共济，可以益边备。

五、宽役薄税以纾解民困

朱子反对“重敛”，主张“薄赋”。统治者应该轻赋税，体恤民众，必须为国家的长远安定做打算，征赋税应该取之有度，不能竭泽而渔，避免造成民心的背离，要为国家的长治久安做长远考虑。只有“宽民力”，使民得以休养生息，才能更好地发展农业，民众才能丰衣足食，进而才能巩固君王的统治地位。

原典

窃见本军诸县大抵荒凉，田野榛芜，人烟稀少，而星子一县为尤甚。因窃究其所以，乃知日前兵乱流移，民方复业，而官吏节次增起税额……则复转徙流亡，无复顾恋乡井之意……可以少宽斯人，使得安其生业。(《乞蠲减税钱增起之类》)

翻译

我眼见所及南康军各县大多境况荒凉，土地荒芜，人烟稀少，星子县这种情况更为严重。究其原因，我想乃是因日前兵荒马乱，百姓颠沛流离。百姓刚一安定复业，官吏就紧跟着不断加增赋税……百姓从而再次被迫流离失所，对他们来说，故乡已经没有什么可留恋的了……朝廷应当要宽解百姓劳力，让他们安居乐业。

解析

朱子知南康军，一到任就在第一道榜文中宣布了宽民力等施政大纲。宽民力是从“爱养元元”的仁政思想出发，除去役烦税重的苛政，解决民力日困，无复安土乐生之心的现状，达到户口岁增，家给人足。朱子认为民俗败坏和士风萎靡的根源在于苛政造成的民力穷困。所以他从宽民力入手来提振民风士气，全力减免多如牛毛的非法无名赋税。他想先在蠲免星子县税钱上显示自己的振民之功。他上了一道《乞蠲减税钱增起之类》，但状上如石沉大海。以后一直到他离南康任和淳熙八年(1181)十一月入都奏事，先后六次抗论星子县减税事，朝廷始终不予理睬，不了了之。

朱子把目光转向了都昌县木炭税。都昌民户终年山中烧炭，每斤不过值钱五六文。他们所上纳的木炭原本是纽折代交夏税的绢匹，但几经折转，民户每秤交折纳木炭钱高达二百六十文，造成“民力重困，多挂欠籍，追逮督迫，几不聊生”。这种通过以物折钱、以钱折物的折算层层增税加额，正是奸吏滑胥巧取豪夺的妙法。[①] 朱子对此严加批判。

朱子在秋苗税赋上也做了努力。地方每年征收秋税都被上等富户把持，他们勾结县衙胥吏营私作弊，上下其手，公吏明目张胆侵吞税收，滥加损耗，凡所增加耗、高量斛面等都成倍转加到下户细民头上。南康一军秋苗每正米一石就要收雇船水脚、起纲头子、专斗市例钱等名目六百七十文，每一石米连省耗加耗竟共须纳一石七斗六胜，使"细民愈受重困"。朱子到任先访问民情，将秋苗每石减去加耗一半。但是秋苗加耗因同官粮、军粮问题联系在一起而十分棘手。南康一军秋苗年额四万六千余石，上供四万石，剩下六千余石由漕司桩管在南康军。这六千余石因旱涝不时，民户逃移死亡，每年无户可催，也从来没有收发齐全，年年拖欠，能收到的一部分，南康军又无权支用一粒，宁可听任积压腐烂。而南康一军官吏军兵一岁吃用粮二万七千余石向来没有着落，全靠从民户输纳的苗米中多收加耗、高量斛面等来解决，这就是南康一军所以税重赋苛的重要原因。朱子奏请漕司今后将六千余石归拨本军应付军粮，同时将淳熙三年(1176)、四年(1177)、五年(1178)未起零残之数悉从蠲免。这样也可防止奸吏在秋苗中巧作名目额外加耗，减轻民户负担。但漕司却只是表面敷衍他，实际一粒不给，未起发的还要照数收齐。

在免役上，朱子也想有所作为。南渡以来，无名烦役也层出不穷。在朱子来南康前，枢密院就盲目下令命各州郡打造兵甲，地方强派匠人。南康军也奉命打造步人弓箭手铁甲，但才造到一百五十副，枢密院又忽然令铁甲本军"桩收"不用，听任在仓中锈烂。此外枢密院还下令南康军招募一千名禁军，后减为本军在已有二百名禁军外再招募三百名，实际因为税重民贫，户口逃散，已经无人应募，小小南康军单是供养这三百名禁军就无从支出。都昌县不过百里弹丸之地，已立营寨五处，提刑司却还下令再建一处营寨，白白招养了一批军兵。朱子的减税免役损害了强宗豪右和贪官奸吏的利益，但他始终不忘在宽民力的同时也用严刑峻法打击那些为非作歹的豪强奸官。

---

① 束景南:《朱子大传》，福建教育出版社 1992 年版，第 403 页。

此外，朱子主张赈济救荒以救民力。朱子所处的时代，正值北方女真奴隶主贵族不断对南宋发动掠夺性的军事侵扰，连年的战争给广大人民带来了深重的灾难。处在这样的社会大背景下，朱子力主赈济救荒。淳熙八年(1181)，朱子向孝宗面奏七札，其中，三、四、五札论浙东赈荒救灾事宜。朱子在第四札中奏请推行社仓之法，这是一个从长远考虑的备荒措施。乾道七年(1171)，朱子在福建崇安开耀乡五夫里创办社仓，并制定了社仓事目，后人称朱子社仓法，这是一个以实物形式为基础的社会保障制度。社仓法在我国古代社会保障中曾起过救灾扶贫、保护生产力、进行再生产的作用。它的实施不仅减轻了封建国家的财政负担，而且改变了受灾民众单纯依靠国家拨粮救济的思想，有效地培养了农民的自我保障意识。

朱子把赈荒看作是救民力的重要手段。他在奏状中明确提出了“革弊救民”的社会方案，主张变通更法，反对苟安守旧。他把目光从“法”转向“人”，从政治深入经济，从赈济赈粜、减赋蠲税发展到革除种种社会害民弊病上，接连上状批评朝廷推行的酒课、盐课、义役、差役等，要朝廷“因事制宜，使民情亟得去其所患”[①]。

六、富国与复国

朱子一生充满爱国热忱，面对北方的军事威胁，坚决反对议和，一心收复失地。他多次上奏朝廷，力主放弃讲和之议，报国恨家仇，并提出了收复中原的方略。

原典

君父之仇不共戴天，乃天之所覆，地之所载……然则今日所当为者，非战无以复仇，非守无以制胜，是皆天理之自然，非人欲之私忿也。(《癸未垂拱奏札二》)

① 束景南:《朱子大传》，福建教育出版社 1992 年版，第 475 页。

翻译

君父之仇不共戴天，这正如天之所以广覆四方，地之所以承载万物……然而当前所应当要做的是，不通过抗战无以复仇，不坚决防御无以取胜，这都是自然之天理，而不是人欲私忿。

原典

讲学以正心，修身以齐家……节财用以固邦本，修政事以攘夷狄。（《己酉拟上封事》）

翻译

通过读书为学以使自己心正，注重修养身心，使自己达至善明德之境，才能使家齐……节缩资财才能稳固国家的根本，治理政事以抵御外族入侵。

解析

朱子在富国与复国二者之间的认识上，前后是有变化的。起初朱子主张先复国以富国，后来转变为先富国以复国。一直以来，朱子都积极主张复国，以使国家能够统一，从而实现国家富强。他强烈反对议和，是积极的主战派，主张恢复中原失地。赵构、赵昚父子的隆兴和议以及赵构、秦桧的绍兴和议，记下了南宋史上最屈辱丑恶、受万世唾骂的两页。朱子感到和议一成，南宋用兵出师恢复中原的大好形势和机会从此就永远失去了，后来他一再说"此事之失"就是失在隆兴的议和，正是一种最明智的预见。[①] 朱子极力反对与金议和，认为议和有百害而无一利。他指出议和虽能暂缓征战，但却会使南宋上下将希望全部寄托于议和之上，丧失直面仇敌的勇气，致使人心涣散。朱子从天理的角度认为，南宋与金议和违背了所谓"贵华贱夷"的传统价值观，是逆天理而为之。朱子指出只有以武力驱逐金人、恢复中原，才是顺应天理规律的正确选择。通过分析朱子的奏章，我们可以发现，朱子

---

① 束景南：《朱子大传》，福建教育出版社 1992 年版，第 214 页。

认为"反和主战"不仅是报国家社稷之"公仇",也是报父子兄弟之"血仇"。在他看来,与金议和是置父兄血仇于不顾,是无父无兄之举。此举不仅不符合中国传统的道德伦理,也违背了南宋社会的广泛认知,是"禽兽"之行为。因此,朱子提出"非战无以复仇"的观点,强调出兵北伐是理所当然的行动。

淳熙十六年(1189),光宗初即位,召朱子入对,朱子已不再强烈要求立刻复国,而是提出先固邦本再御外侮的主张。在国家"盛衰治乱"之际,朱子希望借"修政事"来积聚收复中原的力量。早在淳熙十五年(1188)十一月,朱子上《戊申封事》,虽然通篇未有"恢复中原"或"复仇"等字眼,但其先强国再复国的思想贯穿全篇。朱子强调了人才的重要性,指出必须以敢担当的天下第一流人才来代替那些唯唯诺诺的至庸之人。其门人杨复为此评曰:"先生曷尝忘复仇之义哉?但以事不可幸成,政必先于自治。能如是,则复中原,灭仇虏之规模,已在其中矣。"朱子始终未改忧国之诚。晚年的朱子看到国势衰弱,难以复国,充满了对国家前途的忧虑和痛苦,黄勉斋说:"先生平居惓惓,无一念不在于国。闻时政之阙失,则戚然有不豫之色。语及国势之未振,则感慨以至泣下。"(黄榦《朱子行状》)

七、强军与富强

富国才能强军,强军才能卫国。富国是强军的物质基础,没有雄厚的国家实力,强军便无从谈起。强军是富国的坚强柱石,没有强大的国防力量,国家发展的安全环境就难以保障。可以说,富国和强军犹如车之两轮、鸟之双翼,二者相互影响、相互制约,又相互促进、相互推动,是一个不可分割、互为依靠的统一体。朱子有过知南康军、知漳州和知潭州兼任荆湖南路安抚使的经历,对军队问题认识颇深。强军之"强",说到底是战斗力强,朱子想通过积极改革军政,提升军队战斗力,从而实现强军的夙愿,为富强提供保障。

原典

大抵今日之患,又却在于主兵之员多。朝廷虽知其无用,姑存其名。日费国家之财不可胜计，又刻剥士卒，使士卒困怨于下。若更不变而通之，则其害未艾也。要之，此事但可责之郡守。他分明谓之郡将，若使之练习士卒，修治器甲，筑固城垒，以为一方之守，岂不隐然有备而可畏！（《朱子语类》卷第一百一十）

翻译

大抵今日之患，又在于军官太多。朝廷明知其无用，但仍保留其职。军官日常所消费的国家之财不可胜算，又常常克扣士兵的军饷，造成士兵怨声载道。如果不变通则后患无穷。最主要的是要把此事落实到郡守职责上，作为郡将，如果让他们训练士卒，修治器甲，筑固城垒，据守一方，做好防备就不惧怕外敌入侵了。

解析

朱子认为改革宋王朝兵政弊病的问题是强军和国家富强的关键因素。他认为宋代把藩镇的兵权、财权等权力收了，没有赏罚行政，州郡就日益被削弱了。“杯酒释兵权”虽然是收回军事大权的成功之举，但朱子认为，此举有别于先王之制，造成州郡无兵无权。而且军官甚多，许多军官不务正事，只会挥霍军费、克扣军饷，朱子对此种军员冗赘、兵不济事的现象忧心忡忡。故此，朱子认为军队需要进行重新整顿，加强军力建设。

关于军队合并与整编的问题，朱子赞同辛弃疾“兵老弱不汰可虑”之说。一方面淘汰年老衰弱之兵，另一方面招收补充强壮健康者，保证正规军队的战斗力。他认为朝廷如果拿不出方案对军队进行整编、合并和淘汰，庞大的军队必然成为国民的累赘，加重了国家财税的负担，必然导致民力的凋敝，也导致国家的衰败。

民主

——王道以得民心为本

在我国传统文化中,“民主”一词最早出现在《尚书》中,如“天惟时求民主”“诞作民主”等。“民主”在这里的含义是“民之主”,是管理人民、为民作主的君主的意思。现代意义的民主源于西方,英文单词“democracy”源于古希腊文“democratic”,意思为“平民的治理”。经过17世纪的英国资产阶级革命和18世纪的法国大革命之后,西方资本主义国家普遍建立选举政治和代议制度,以选出能体现自己利益诉求的人来行使权力,到了20世纪,这种资本主义民主制度逐步成为西方发达国家的普遍政治制度。鸦片战争以来,我国经过100多年的浴血奋斗,在以毛泽东同志为代表的中国共产党人的领导下,建立了人民民主专政的社会主义国家,实现了人民当家作主,每一个中国人“通过各种途径和形式管理国家和社会事务、管理经济和文化事业,共同建设,共同享有,共同发展,成为国家、社会和自己命运的主人”①。可以看出,在人类政治漫长的发展演进中,从传统社会的“民之主”,到资本主义社会的“民选主”,再到我国社会主义社会的“民作主”,“民主”的含义和实现方式不断向前发展,追求民主是人类一以贯之的共同理想。

我国社会主义民主是最广泛、最真实、最管用的民主,借鉴、吸收了人类政治文明的一切有益成果。中华民族有五千年的文明历史,创造出长期走在世界前列的光辉灿烂的文明。虽然我国古代长期实行封建专制制度,君主拥有至高无上的权力,但是对君权起有效限制作用的“民本”政治思想源远流长。作为大思想家的朱子,他对民本思想的主要内容,政治哲学基础、

① 习近平:《在首都各界纪念现行宪法公布施行30周年大会上的讲话》,人民出版社2012年版,第7页。

基本原则和基本范畴等进行了系统的阐发,形成了我国传统社会比较完整的民本思想体系,朱子的"民主"观就集中体现在他的民本思想中,为当代中国特色社会主义民主政治建设提供了丰厚的思想资源。

一、朱子民本思想的主要内容及其丰富实践

我国民本思想历史悠久,早在商周时代,《尚书》就载有"民惟邦本,本固邦宁",到春秋战国时期,经孔子、孟子、荀子等详细阐述,形成了民本思想的基本体系。南宋的朱子,经过艰深的学术研究,融儒释道于一体、集儒学之大成,建立了体系庞大的理学。通过理学体系的构建,朱子为民本思想的阐发建立了坚实的哲学基础。朱子认为,"君心正"才能实施仁政,仁政实施方能得民心,提出了"王道以得民心为本""发政施仁,所以王天下之本也"。这就使民本思想落实到具体的仁政实施纲领上。具体来讲,朱子民本思想的主要内容体现在以下几个方面。

(一)朱子民本思想的主要内容

1.爱民如子

原典

量入为出,罢去冗费,而悉除无名之赋,方能救百姓于汤火中。(《朱子语类》卷第一百一十六)

须一切从民正赋,凡所增名色,一齐除尽,民方始得脱净,这里方可以议行古制。(《朱子语类》卷第一百一十一)

天下国家之大务,莫大于恤民。(《朱子大全》卷第十八)

宁过于予民,不可过于取民。(《朱子大全》卷第十八)

翻译

根据收入的多少来决定支出的限度，去除多余的费用，再把各种名目的赋税除去，才能把老百姓从水火中挽救出来。

国家向老百姓只征收夏、秋二季正赋，把当时各地普遍加征的经总制钱、月桩钱、版帐钱、丁钱、耗米、折帛、和买、和籴、盐税等不合理的苛捐杂税统统除掉，老百姓才能完全脱离苦难，才能商议实行圣贤的仁政。

治理国家的大事，没有比同情老百姓更大的了。

宁可多给老百姓一些利益，也不可以过度地向老百姓索取。

解析

朱子非常推崇三代之治，认为那是“君民之情相亲，可以久安而无患”。朱子的“君民之情相亲”，就是要求君主做到“爱民如子”，臣民视君“如父母”。如何做到爱民如子呢？首先要省赋。朱子强烈反对“重敛”，主张“薄赋”或“省赋”。所以他提醒封建统治者必须为国家长远利益考虑，征收赋税切莫竭泽而渔，否则人民流亡，赋税无人，国家损失会更大。其次要恤民。朱子把恤民看成是国家最重要事务，建议朝廷要“勤恤民隐”。只有政府勤政体恤，慰其民心，感召百姓，减少灾荒，才能消除人民反抗的隐患。最后是宽民力。朱子特别反对繁重的夫役，主张轻役，认为夫役妨碍农业生产。朱子还主张要“爱养民力”，在他看来，只有“宽民力”，使民休养生息，才可以更好地促进农业生产。

2.取信于民

原典

官无大小，凡事只是一个公。若公时，做得来也精采。便若小官，人也望风畏服。若不公，便是宰相，做来做去，也只得个没下梢。(《朱子语类》卷第一百一十二)

敬其事而信于民也。(《论语集注·学而第一》)

言仓廪实而武备修，然后教化行，而民信于我，不离叛也。(《论语集

注·颜渊第十二》)

民无食必死,然死者人之所必不免。无信则虽生而无以自立,不若死之为安。故宁死而不失信于民,使民亦宁死而不失信于我也。(《论语集注·颜渊第十二》)

翻译

当官不分大小,做事都是为了国家、天下百姓。假如是为了国家、天下百姓,当官就非常有意义。即使是小官,人们也对他敬畏、佩服。假如不为国家、天下百姓,即便是宰相,当官最终也没有好下场。

从事政事要谨慎专一,才能取信于民。

孔子说的国民富足,武备精良,再施行教化,百姓就会对国家信任,就不会分离背叛。

人没有饭吃一定会饿死,但是死亡是人人不可避免的事情。人若缺乏诚信,虽然活着,但也失去了安身立命的根本,不如死了心安。所以,为政者宁愿死去,也不能失信于百姓,这样才能使百姓宁愿死去,也不会失信于为政者。

解析

取信于民是统治阶级得民心的前提。朱子认为只要出于公心,官位不论高低、大小,为政就可以取信于民。朱子多次阐述了这一思想,在注释《论语》“敬事而信”时,认为统治者能做到“宁死而不失信于民”,那“民亦宁死而不失信”于统治者。这样,上下互不失信,封建统治就能稳固。可见能否取信于民,对于统治者来说是事关兴衰存亡的大事。

3.与民同乐

原典

孟子言文王虽用民力而民反欢乐之,既加以美名,而又乐其所有。盖由文王能爱其民,故民乐其乐,而文王亦得以享其乐也。(《孟子集注·梁惠王章句上》)

不与民同乐，谓独乐其身而不恤其民，使之穷困也。（《孟子集注·梁惠王章句下》）

与民同乐者，推好乐之心以行仁政，使民各得其所也。（《孟子集注·梁惠王章句下》）

好乐而能与百姓同之，则天下之民归之矣。（《孟子集注·梁惠王章句下》）

翻译

孟子说文王虽然凭借百姓之力建造高台、池沼，百姓反而因此而喜欢、快乐，并且用“灵”字为之命名，为文王拥有这些而高兴。这是因为文王对百姓充满仁爱，所以百姓才会因文王的快乐而快乐，而文王也得以享受高台、池沼的快乐。

不与百姓同欢乐，就是说独自享受自身的快乐而不体恤百姓，最终会使自己走投无路。

能够与百姓同欢乐的，心中怀着百姓的欢乐来施行仁政，这样才能使百姓各得其所。

能够与天下百姓同欢乐的，则天下百姓都会归附于他。

解析

朱子认为，爱民和信民的重要途径是要与民同乐。在这里朱子明确指出了爱民必须与民同乐，与民同乐才能自享其乐的思想。为此，他还从正反两方面做了说明。在朱子看来，统治者与民同乐，使民各得其所，天下百姓就会归附于他；统治者不与民同乐，使天下之民穷困，天下之民就会反叛他。从以上论述可见，朱子认为是否与民同乐关系到国家的兴亡衰替。

4.富民为本

原典

民富，则君不至独贫；民贫，则君不能独富。有若深言君民一体之意，以止公之厚敛，为人上者所宜深念也。（《论语集注·颜渊第十二》）

民生之本在食，足食之本在农，此自然之理也。(《朱子大全》卷第九十九)

生民之本，足食为先。是以国家务农重谷，使凡州县守倅，皆以劝农为职。(《朱子大全》卷第一百)

农时，谓春耕夏耘秋收之时。凡有兴作，不违此时，至冬乃役之也。(《孟子集注·梁惠王章句上》)

使之不以其时，则力本者不获自尽，虽有爱人之心而人不被其泽矣。(《论语集注·学而第一》)

翻译

百姓富足，则君主不会独自贫穷；百姓贫穷，则君主不会独自富足。有若说的是君主、百姓相辅相成、不可分割的意思，以阻止君主对百姓横征暴敛，这是君主要深深记住的事情。

百姓生存的根本在粮食，富足的粮食的根本在农业，这是自然而然的道理。

百姓维持生活的根本，吃饱饭是首要的。所以说国家一定要重视务农，使各州县官员都以鼓励农业生产为主要职责。

农时，说的是春耕、夏耘、秋收的季节。凡农业耕作，不违背农时，到了冬天才有收获。

让百姓在农忙时作工，那么百姓就不能尽全力于农业生产，即使有一颗爱人的心，人却也不能蒙受恩泽。

解析

朱子主张“民富”，并且认为“民富”是“君富”的基础。在这里，朱子阐述了“民富”与“君富”的辩证关系，认为百姓富有了，才会与君主同忧乐，国家才会富有、稳定。同时，朱子还提出富民的具体措施。首先，要以农为本，提倡发展农业生产。由于农业的根本是土地，朱子主张“悉备井田之法，宜以口数占田”，不得买卖，防止兼并，以保证农业的发展。其次，要使民以时，不违农时。最后，要省刑罚，薄赋敛。针对南宋“横敛无数，民不聊生”的现实，他反对“取民无制”，针对当时“有产者无税，有税者无产”的不合理现象，朱子主张“只教有田底便纳米，有地底便纳绢”。

(二)朱子民本思想的丰富实践

朱子不仅通过著述对民本思想进行了系统、深刻的阐述，而且在多次担任地方官员的过程中，对民本思想进行了丰富的实践，取得了不错的成效，赢得了民众的称颂。

第一，薄赋恤民。朱子在任南康军知军、两浙东路常平茶盐公事、漳州知州时期，采取了一系列轻徭薄赋的措施。一是“轻劳役”。朱子认为，要减轻赋税，必须减轻劳役。他在知南康军时，下令管束各县滥派夫役。二是“均贫富”。朱子在浙东任职时，对收税采取“有余者取，不足者与”的原则，以达到“务使州县贫富不至甚相悬，则民力之惨舒亦不至大相绝矣”的目的。三是“正经界”。朱子六十一岁任漳州知州。当时漳州土地兼并严重，“贫者无业而有税……富者有业而无税”的现象比较严重。朱子一上任，就着手“正经界”，认为“正经界”可使“田土狭阔，产钱轻重，条理粲然，各有归着。在民无业去产存之弊，在官无逃亡倚阁之欠。豪家大姓不容侥幸隐瞒，贫民下户不至偏受苦楚”。

第二，救荒济民。朱子在知南康军当年，南康军所辖星子县、都昌县、建昌县均大旱，稻谷失收近七成。面对大灾，朱子果断采取一系列救荒举措。比如，动用库钱赈济灾民，未等朝廷批准，兑借政府钱帛，在乡间设立赈场，平价粜米；劝富农出粜平粜，如无故不肯出粜的，以官司究责；以工代赈，招募饥民修治河堤，饥民获得工钱以购买粮食；减少官府盘剥，吸引外地米商低价粜米卖给饥民；扶弱抑强，保护饥民基本生活；劝农重耕，鼓励农民开荒。这些具体的救荒济民举措，是朱子民本思想在实践中的生动体现。

朱子在救荒济民的实践中，还创建了社仓制度。乾道四年(1168)春夏之交，闽北建阳、崇安、浦城等地灾情严重，年成荒馑，饥民骚动。朱子这时居五夫奉祠养亲。崇安知县诸葛廷瑞知道其贤能，便邀请他会同其他乡贤共同商量救灾的事。在朱子等人的帮助下，灾情遂得缓解。次年，朱子又先后上书给官府，请予五夫建仓，此举得到官府的支持。乾道七年(1171)八月社仓建成后，朱子又举荐里中较有德望之人管理，制定了“仓规”。从此，春夏青黄不接之时赈放，冬秋偿清存放，变官仓(常平仓)赈粜为民仓(社仓)赈济，大利于民。淳熙九年(1182)，南宋朝廷将朱子呈请施行的《社仓法》“颁诏行于诸府各州”。社仓法的实施，不仅减轻了国家财政的负担，改变了受灾民众单纯依靠国家拨粮救济的思想，有效地培养了农民的自我保障意识，而且找到了一种以民间力量为主，兴办互助性质备荒仓储的办法。这些都说明社仓制度是我国古代社会保障制度的一个新发展。

第三，惩贪安民。淳熙八年(1181)，朱子任两浙东路常平茶盐公事。出任不久，浙江发生洪灾，朱子向朝廷自荐，赴灾区巡视灾情，组织抗洪救灾。出发前，就有人向朱子报告了宰相王淮的亲家台州知州唐仲友(字与正)的贪腐丑闻。一路上，朱子向朝廷谏劾了四五个县级贪官员。淳熙九年(1182)七月初，朱子到台州巡视灾情，路途遇见饥民成群结队向外地逃亡。经过查访，才知是由于台州知州唐仲友在荒年违法催逼赋税，才使民不聊生。朱子决定对唐仲友的丑闻进行立案侦查。经过全面调查，唐仲友的罪行查证落实的有违法逼税、草菅人命、偷盗公库、贪污官钱、伪造官币、仗势经商、姻党横行、蓄养亡命、科罚虐民、狎妓淫乐等，这些罪行可归结为“贪、淫、暴、虐”四字，罪状确凿，殊骇观听。这个残民害物的贪官不除，台州无宁日，百姓无生路。朱子愤懑至极，于七月至九月上旬，先后六次给孝宗上了弹劾唐仲友的奏状，得到了台州广大民众的支持。后因宰相王淮等人的诬陷，朱子辞职返回故里。朱子不畏强权、惩贪安民以施廉政的清官品质，广受朝廷正直官员和台州百姓的称颂。陆九渊曾说：“朱元晦在浙东，大节殊伟，劾唐与正一事，尤快众人之心，百姓甚惜其去。”

朱子民本思想的丰富实践，不仅彰显了民本思想的理论价值，也深刻地镌刻在中华民族的历史长河中，激励着我们对理想的民主政治不懈追求，更加努力地建设社会主义民主政治。

二、朱子民本思想蕴含着丰富的朴素“民主”观

朱子通过总结前人的民本思想成果和政治实践经验，对民本思想的主

要内容、政治实践形式及政治哲学基础、基本原则、基本范畴进行了深刻阐述，并在自己为官任内进行了生动的实践，形成了我国传统社会比较完整的民本思想体系。在这一体系中，朱子民本思想的政治哲学基础、基本原则、基本范畴是其主要内容、实践活动的理论内核；朱子民本思想的主要内容、实践活动则是其政治哲学基础、基本原则、基本范畴在理论和实践方面的展现，这两者共同构成朱子民本思想体系。朱子民本思想蕴含着丰富的朴素"民主"观，为当代社会主义民主政治建设提供了思想资源。

（一）天理论是朱子民本思想限制君主权力的政治哲学基础

天理论是朱子民本思想的政治哲学基础。在中国政治思想史上，儒家历来主张实施仁政，"保民而王"，以民为本是实现"王道"的起点、途径和目的，"王道"始终体现着传统儒家对社会政治的理解和崇高的道德追求。宋代以前的先秦两汉儒家"王道"指的是"先王之道"，而朱子则用形而上学的方式理解和把握"王道"的原则，把"王道"理解为符合天理的政治，天理就是人类社会的道德法则。他把人类社会的道德法则与自然法则相联系，在形而上学的层面上为政治所必须遵守的道义原则做出了本体论的证明，使其成为独立不变的绝对价值准则。在这种认识下，朱子理解的"王道"已经不再是先王的政治经验，而是普遍法则指导下的政治生活。从先秦儒家把"王道"等同于先王之道，到朱子把"王道"理解为符合天理的政治，中国传统政治思想哲理化程度深化了。

朱子的天理论认为，政治治理中的道义原则是一种普遍的法则，它不能来自任何的历史经验中，而是先验地存在于历史现实之外。"王道"是对普遍法则的服从和遵循，是对天理的遵循。在朱子的哲学体系中，理是万物的原因，也决定了万物的属性，"天地之间，有理有气。理也者，形而上之道也，生物之本也。气也者，形而下之器也，生物之具也。是也人物之生，必禀此理然后有性；必禀此气然后有形"[①]。理不会随着现实万物的变化而发生改变。理既是宇宙的普遍法则，也是人类社会的普遍法则，"宇宙之间，一理而

---

① 陈来：《朱子哲学研究》，华东师范大学出版社 2000 年版，第 93 页。

已。天得之而为天,地得之而为地,而凡生于天地之间者,又各得之以为性。其张之为三纲,其纪之为五常,盖皆此理之流行,无所适而不在”。在朱子的哲学中,人类生活所应遵循的所有伦理道德原则都来源于作为本体的天理,其对于任何时期的人来说都具有普遍性。朱子在构建一个精密的宇宙论与本体论的同时,把伦理与道德提高到超道德的本体地位,使其成为人人必须遵守的绝对法则。

(二)得民心是朱子民本思想限制君主权力的基本原则

朱子提出了“国以民为本”,指出了人民群众为国家的根本,“保民而王”的“王道”是符合天理的政治,那么治国理政的纲领就要立足于人民群众的需求,贯穿其中的基本原则就是“得民心”。古人有所谓的“得民心者得天下,失民心者失天下”,朱子对此做了详细的论述。在注释《孟子》“养生丧死无憾,王道之始也”时,朱子指出:“饮食宫室所以养生,祭祀棺椁所以送死,皆民所急而不可无者。今皆有以资之,则人无所恨矣。王道以得民心为本,故以此为王道之始。”(《孟子集注·梁惠王章句上》)其明确提出了“王道以得民心为本”,得民心,则天下归之。朱子在注释《孟子》“得乎丘民而为天子,得乎天子为诸侯,得乎诸侯为大夫”时,指出:“丘民,田野之民,至微贱也。然得其心,则天下归之。天子至尊贵也,而得其心者,不过为诸侯耳,是民为重也。”(《孟子集注·尽心章句下》)反之,失民心,则成为天下所指、唾弃的“独夫”。如在注释《孟子》“贼仁者谓之贼,贼义者谓之残,残贼之人谓之一夫。闻诛一夫纣矣,未闻弑君也”时,朱子指出:“一夫,言众叛亲离,不复以为君也。《书》曰‘独夫纣’。盖四海归之则为天子;天下叛之,则为独夫。”(《孟子集注·梁惠王章句下》)“四海”“天下”指的就是人民大众,他们的“归”与“叛”,决定着君主成为尊贵的“天子”,还是成为遗臭万年的“独夫”。所以,朱子通过正反两方面详细地论述了民本思想的理论和实践的基本原则就是“得民心”。

如何才能得民心呢?朱子认为,关键是要“正君心”。朱子在《戊申封事》中指出:“天下之大本者,陛下之心也。今日之急务,则辅翼太子、选任大臣、振举纲维、变化风俗、爱养民力、修明军政六者是也，臣请昧死而悉陈之，惟陛下之留听焉。臣之辄以陛下之心为天下之大本者，何也？天下之事千变万化，其端无穷，而无一不本于人主之心者，此自然之理也。故人主之心正，则天下之事无一不出于正；人主之心不正，则天下之事无一得由于正。”朱子认为，君心“正”，才能明白国家的“急务”，也就是抓住治国理政的重点，有效实行富国强兵、兴业安民的施政纲领。所以，“正君心”是得民心、治国家、平天下的根本。

（三）“尊君”与“民本”是朱子民本思想的基本范畴

在我国传统政治思想中，“尊君”与“民本”是两个相互制约又相辅相成的范畴。“尊君”强调的是君主对于国家、社稷、人民拥有至高无上的权力，“民本”强调的是人民对于君主、国家、社稷的根本性、基础性作用。处理“尊君”与“民本”的关系，正是民本思想具有朴素的民主思想的意义所在。如何处理君民之间的关系？这一直是儒家思考的问题。孔子认为：“君者舟也，庶人者水也，水则载舟，水则覆舟。君以此思危，则危将焉而不至矣。”（《荀子》卷第二十）这就是后世奉为“载舟覆舟”的至理名言。孟子更明确提出“民为贵，社稷次之，君为轻”。朱子对孟子这句话的注释，明确提出了“国以民为本”的思想，指出：“国以民为本，社稷亦为民而立，而君之尊又系于二者之存亡，故其轻重如此。”（《朱文公文集》卷第十四）在注释《孟子》“天子不能以天下与人”时，朱子说：“天下者，天下之天下，非一人之私有故也。”（《孟子集注·告子章句上》）这深刻揭示了封建专制的症结所在，对后来我国近代民主思想的启蒙和发展具有深远的影响。

朱子对君民相互依存、相互制约的关系的论述尤其深刻。他在《论语集注》卷六中说：“民富，则君不至独贫；民贫，则君不能独富。有若深言君民一体之意，以止公之厚敛，为人上者所宜深念也。”（《论语集注·颜渊第十二》）在《孟子集注》卷七中说：“富其君者，夺民之财耳。而夫子犹恶之，况为土地之故而杀人，使其肝脑涂地，则是率土而食人之肉，其罪之大，虽至于死，犹不足以容之也。”（《孟子集注·离娄章句上》）在分析国家覆亡的原因时，朱子指出："试观自古国家倾覆之由，何尝不起于盗贼；盗贼窃发之端，何尝不生于饥饿。赤眉、黄巾、葛荣、黄巢之徒，其已是可见也。"（《朱文公文集》卷第二十六）

"保民而王""国以民为本""得民心，天下归之"，这些观点环环相扣，逻辑严密地论证了人民群众的向背关系到国家社稷的兴亡，这是对君权的明确限制，也对拥有至高无上权力的君主提出了明确的要求，君主权力的行使要"得民心"。

"得民心"的关键在"正君心"，如何才能正君心呢？首先，君主要主动修身。"君子不患人心之不服，而患吾身之不修；吾身既修，则人心之难服者先服，而无一人之不服矣。"（《孟子集注·离娄章句上》）朱子在注释《大学》"自天子以至于庶人，壹是皆以修身为本"时，指出："壹是一切也。正心以上，皆所以修身也。"（《大学章句》）也就是说，包括"天子"在内的一切人，都要以"修身为本"。在朱子看来，修身的内容很多，包括动静思虑、一言一行，而中心要务是严恭寅畏，戒声色货利。他说："欲正人主之心术，未有不以严恭寅畏为先务，声色货利为至戒，然后乃可为者。"给皇帝讲解《大学》时，朱子要求皇帝"自今以往，一念之萌则必谨而察之：此为天理耶？为人欲耶？果天理也，则敬以扩之，而不使其少有壅阏；果人欲也，则敬以克之，而不使其少有凝滞。推而至于言语动作之间，用人处事之际，无不以是裁之"。这就是说，人主要时刻注意修身，一念一言一行，都要思考是否符合天理。

其次，大臣要把"正君心"视为自身的职责。朱子在注释《孟子》"惟大人为能格君心之非"时，说："惟有大人之德，则能格其君心之不正以归于正，而国无不治矣。"（《孟子集注·离娄章句上》）据此，他说："是以辅相之职，必在乎格君心之非，然后无所不正；而欲格君心之非者，非有大人之德，则亦莫之能也。"（《孟子集注·离娄章句上》）"格"就是"正"，"格君心"就是"正君心"，就是要去除君主心中的人欲，存有心怀国家社稷、人民群众的天理。

"修身""格君心之非"，使"尊君"限定在天理所许可的范围，彰显了朱子对君权约束的思想；而"修身""格君心之非"是通过"正君心"以达到"得民心"，最终实现"保民而王"的儒家王道的政治理想。

三、朱子民本思想的当代价值

民本思想是中华民族优秀传统文化遗产之一，凝结了我国传统政治思想和实践的智慧。朱子不仅在理论上对民本思想进行了深刻的阐述，而且在政治实践中贯彻运用，进一步促进了民本思想的发展。我们建设中国特色社会主义民主政治，要善于对我国传统社会蕴含的朴素的民主思想进行创造性转化、创新性发展。2021 年 3 月 22 日，习近平在武夷山朱熹园考察时指出："我们走中国特色社会主义道路，一定要推进马克思主义中国化。如果没有中华五千年文明，哪里有什么中国特色？如果不是中国特色，哪有我们今天这么成功的中国特色社会主义道路？我们要特别重视挖掘中华五千年文明中的精华，把弘扬优秀传统文化同马克思主义立场观点方法结合起来，坚定不移走中国特色社会主义道路。"[①]这一深刻论述既为我们建设中国特色社会主义民主政治阐明了方向，也为我们提出了深刻的要求。

无可讳言，朱子民本思想是为了维护封建统治阶级政权的长治久安，与社会主义民主政治具有根本性的不同。但是朱子民本思想在理论构建方法、人民的作用、价值观、民主的方式及民主的基层制度设计等方面，至今仍有启发或积极意义，为我们建设中国特色社会主义民主政治提供了鲜明的中国底色。

其一，从哲学高度阐述人民群众的作用。朱子民本思想认为实施仁政、王道是遵循天理治国的要求，"保民而王"就是其集中要求，"水则载舟，水则覆舟"，君主的权力只有得到广大人民群众的拥护才能巩固。朱子民本思想建立在最高的哲学理论基础之上，为突出广大人民群众的作用和贯彻民本思想提供了至高的哲学理论依据。这种理论构建方法本身就是科学的方法。我们建设社会主义民主政治，从"为人民服务""是否有利于最广大人民的根本利益""代表最广大人民的根本利益""以人为本"，到"以人民为中心"，我们依据的基本哲学原理，就是马克思主义关于人民群众是历史的创造者这一基本原理。可以看出，朱子民本思想与社会主义民主政治建设都

① 习近平：《习近平谈治国理政（第四卷）》，外文出版社 2022 年版，第 315 页。

体现了严密的理论逻辑和科学的构建方法。

其二，价值相通。由于朱子民本思想建立在天理论这一哲学体系之上，进一步认为“天之生民，非为君也；天之立君，以为民也”，突出了广大人民群众的利益是国家和社会的价值主体。在社会主义民主政治的建设上，我们不仅建立了人民代表大会制度这一根本政治制度，中国共产党领导的多党合作和政治协商制度、民族区域自治制度以及基层群众自治制度等基本政治制度，还建立了以公有制为主体、多种所有制经济共同发展的基本经济制度，使人民当家作主、人民的利益从形式上和内容上具有切实的保障，“把人民拥护不拥护、赞成不赞成、高兴不高兴、答应不答应作为衡量一切工作得失的根本标准”，体现了人民至上的价值理念。在封建社会的朱子民本思想，尚能突出广大人民的价值利益，作为对传统民主思想的继承与超越的社会主义民主政治，更应将人民利益至上作为出发点和落脚点，在理论和实践中得到贯彻。

其三，为社会主义协商民主增添中国特色。协商民主是中国特色社会主义民主政治中独特的、独有的、独到的民主形式，突破了“一人一票”的西方式单一民主形式，拓展了民主的渠道、延展了民主的内涵。协商民主具有鲜明的中国特色。朱子民本思想中的君民辩证关系论述，要求国家在重大事项或重大问题做决策时，应重视君民互动、协商，充分吸取人民群众的意见和建议，汲取人民群众的集体智慧，吸引人民群众积极参与决策，将人民群众的利益融入国家的政策中去，共同推动国家、社会的发展。朱子民本思想认为“格君心之非”是大臣的重要职责，体现了君臣在治国理政中的互动、协商。可以看出，朱子民本思想的实现形式体现了多主体、多层次的互动协商，为我国社会主义民主政治的协商民主提供了丰富的中国底色。

其四，为基层民主政治建设提供有益借鉴。朱子民本思想的重要特点是实施“仁政”“德治”，这是传统社会士绅治理模式的理论基础。在我国以农业经济为主的经济基础和以宗族为主的社会结构基础上，形成了我国传统基层社会的“士绅自治”社会管理模式。士绅乡贤成为古代乡村治理的主导者，主要是由他们的道德表率和道德教化而产生的社会影响作用而促进的。在实践中，朱子社仓制度的推行，充分地发挥了士绅乡贤的带动、引领作用，是古代士绅自治的生动实践。我国基层群众自治制度是社会主义民主政治建设的基础和重要组成部分。在基层群众自治中，党支部起着领导、管理核心作用，党建统领是根本保证，自治、法治、德治“三结合”是主要路径。基层自治中的党员干部、基层组织的管理者等人的社会主义道德素质和道德表率同样也关系到基层治理的水平和质量。朱子民本思想的注重“德治”为我们基层治理拓展了渠道，提供了有益借鉴。

对于朱子民本思想，我们要对它进行创造性转化、创新性发展。根据中国特色社会主义民主政治建设的时代特征，赋予它新的内涵。抛弃它天理论的哲学基础，赋予它历史唯物主义哲学基础；抛弃它小农经济基础，赋予它公有制经济基础；抛弃它的“民之主”，赋予它“民作主”。这样，中国特色社会主义民主政治建设既坚持了马克思主义的指导地位，又立足于中华大地，具有鲜明的中国特色。

文明

——浚哲文明，温恭允塞

中国古称“华夏”，是文明礼仪之邦，注重人文化成。《周易·贲·彖传》曰：“观乎天文以察时变，观乎人文以化成天下。”意思是全面观察领悟天上日月风云的运动变化，可以用来考察总结四季自然交替规律而编订律历指导万民；全面观览前人诗书礼乐的文明积淀，可以用来移风易俗而推行教化于天下百姓。“文明”一词最早出现在《周易》中，如：“见龙在田，天下文明。”(《乾》)“文明以健，中正而应，君子正也。”(《同人》)“其德刚健而文明，应乎天而时行，是以元亨。”(《大有》)李鼎祚《周易集解》注：“阳气上达于地，故曰见龙在田。百草萌，牙孚甲，故曰文明。”孔颖达《周易正义》疏曰：“天下文明者，阳气在田，始生万物，故天下有文章而光明也。”两说皆言阴阳二气相交于地而使得万物萌发，“天下有文章而光明”，即天下万物繁茂，便达“文明”之境。在《周易》看来，万物为阴阳变化所生，万物文采灿然美丽，这是“文明”最原始的意义。

其中“文”的概念的产生与发展经历了一个漫长的演变过程，其含义是多层次的。《周易·系辞下》说古代包牺氏“仰则观象于天，俯则观法于地，观鸟兽之文与地之宜，近取诸身，远取诸物，于是始作八卦”。这里所提到的“鸟兽之文”，既可以指鸟兽羽毛的花纹色彩，也可以指鸟兽行走时地上留下的足迹。所以“文”最初的意思就是指花纹色彩之美。在中国古代进入奴隶制社会之后，与等级的划分相适应，有装饰效应的“文”自然与要求规范等级的“礼”联系起来，“文”便可以用于指礼乐制度。又由于“礼”与现实的伦理道德分不开，所以“文”又进而与“德”相连。《国语·周语下》载单襄公之语，将敬、忠、信、仁、义、智、勇、教、孝、惠、让均看作是“文”的不同表现。韦昭注

曰:"文者,德之总名。""文"的概念还与文章、典籍相连。中国文字本是从象形发展而来的,许慎《说文解字·序》曰:"仓颉之初作书,盖依类象形,故谓之文。其后形声相益,即谓之字。"这是由色彩花纹之美推及文辞语言之美。

随着社会的发展,"文明"一词古意更多指人的教养和开化,代表着经天纬地、照临四方的人类精神成果。朱子说:"礼本是文明之理,其发便知有辞逊。"意思是说礼节本来是文明的道理,它表现出来便是懂得言辞谦逊。朱子赞同前人对《周易·同人》的解释,认为文明就是能够英明地治理,所以能够明白大同社会的要义;刚健有为就能克制自己的欲望,所以能够竭力领悟大同之道。朱子说:"'浚哲文明,温恭允塞',细分是八字,合而言之却只是四事。浚,是明之发处;哲,则见于事也;文,是文章;明,是明著。《易》中多言'文明'。""明之发处"是指深挖发源的地方;"见于事",是参看于事理;"文章"是指文化彰显;"明著"是指能够光彩夺目,凸显事物。宋太祖在位时出现水星、金星、火星、木星与土星五星连珠排成一线的奇特天象,朱子认为这"实开文明之运",以此说明儒家道统在宋代并未消亡。朱子说:"离丽文明,电日而火。"八卦之象中离卦代表美丽的火、日、电光,有照耀、明亮、鲜艳夺目之意,阳刚在外,表示由内向外施放能量,也象征文明、文化的光辉。《礼记》里的文明,是个人内在德行和文化素养外显的结果,不仅个人神采奕奕,而且能让他人如沐春风。正是在这种文明的教化之下,中华民族在长期的历史发展中不仅物质文明昌盛,而且博得礼仪之邦的美誉,文化照临天下。

一、物质文明

朱子的物质文明思想,是建立在古代社会农业文明基础上,是作为他政治伦理思想的一部分而存在的。朱子的物质文明思想主要包含着经济思想,首先表现在重视农业生产,把它看作人民生活和封建社会赖以存在的物质基础。封建社会物质生产基础是农业,农业生产是人们生存与一切生产的先决条件。朱子继承了民以食为天的思想,提出足食之本在于农的经济主张,主张务农重谷。

原典

盖欲吾民衣食足而知荣辱，仓廪实而知礼节。(《劝农文》)

翻译

希望使我们的老百姓丰衣足食，然后懂得荣誉与耻辱，粮食充足，才会懂得礼仪。

解析

维持“民”的生存和再生产的根本在于“食”，即吃饭，如果没有饭吃，“民”将流离失所。“民”不能从事农业生产劳动，自然就不能创造社会财富，发展物质文明。为了提高社会物质财富，朱子提倡发展经济，针对农业生产中如何有效地组织生产，他提出不误农时、改造土壤和种植方法、兴修陂塘水利、保护耕牛、因地制宜多种经营、奖励垦荒等多种有效措施。其中兴修陂塘水利是一种有利当代、造福后世的义举，对于农业生产滞后、水荒困扰的地方显得格外重要。朱子并不反对工商业活动，反而肯定商业的存在和商业价值，对工商业已有了一定的重视，但在本末问题上还是重农轻商，认为二者只不过是主与次的区分问题罢了。这一思想显示了农业社会中关心物质文明发展的一个大儒的智慧。

其次，朱子的物质文明思想具有强烈的伦理色彩，主要在“理欲之辨”和“义利之辨”两个方面逐渐展开。

在天理与人欲的关系问题上，朱子一方面认为，由于天理、人欲同出于一心，因而它们是相联系的；另一方面指出要节制甚至消灭人欲，避免贪婪牟利、无序扩张，使得道德、人心败坏腐化，也给社会秩序带来巨大的破坏。

原典

此心之灵，其觉于理者，道心也；其觉于欲者，人心也。……人心是此身有知觉有嗜欲者……感于物而动……道心则是义理之心，可以为人心之主

宰……然此又非有两心也，只是义理人欲之辨尔。(《朱子语类》卷第六十二)

只是一人之心，合道理底是天理，徇情欲底是人欲。(《朱子语类》卷第七十八)

天理只是仁、义、礼、智之总名，仁、义、礼、智便是天理之件数。(《朱子语类》卷第十三)

圣贤千言万语，只是教人明天理，灭人欲。(《朱子语类》卷第十二)

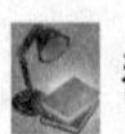

翻译

这心的灵动处，便在于能思考理，这便是道心啊。如果心只能在欲望上面觉悟，便是庸人之心啊。……人心是这个身体有知觉有嗜欲……受到物质的诱惑而躁动起来……道心则是懂得义理的心，可以作为人心的主宰……然而这又不是说一个人有两个心，只不过是义理与人欲的区别罢了。

这只是一个人的心，合乎道理的便是天理，舍身以求情欲的便是人欲。

天理只是仁、义、礼、智的总的名称，仁、义、礼、智便是天理的个别表现。

圣贤所说的千言万语，只是教人明白天理，消除人欲。

解析

在朱子看来，人心危殆，极易流于人欲，但人心并非人欲，而只有那种“徇情欲”之心才是人欲。另外，朱子还认为，人欲并不尽同于欲。所谓欲，指的是那种为了维持生存所必需的物质欲求，它发自于情，有合理和不合理之分。朱子并不反对人的一切物质欲求，相反，在他那里，人的物质欲望是随生而生的，它为性之所固有，天理所包容。他说：“饮食者，天理也。”这种来自天性的饥食渴饮之欲，作为“天教我如此”的“天职”，在朱子看来只能存而不能无，只能顺而不能灭。这就在某种程度上肯定了自然物质欲望的合理性。当然，我们还要看到，朱子虽然主张欲不可无，但他又认为不可使其放纵，若是任凭个人情欲的肆意放纵，不仅会使个人失去本心，成为小人，而且必然会破坏社会秩序，因此必须以理节欲。道德修养的实质就是要分辨天理之公正、人欲之私邪，进而去私存公，改邪归正，此为“存天理，灭人欲”

的真实内涵。

再看他的“义利之辨”。在我国古代,义利观既是政治伦理问题,又是经济问题。《周易》有“利者,义之和也”之说,意思是要得到利益,就要讲求其与道义的统一。孔子和孟子就分别用“君子喻于义,小人喻于利”“舍生取义”等观点否定了人们对“利”的追求。汉代董仲舒提出的“正其义不谋其利,明其道不计其功”的命题,更为很多儒家学者奉为圭臬。

朱子的物质文明思想体现在对“义利”这一传统思想的批判中,朱子强调了道义对功利的绝对优先,他是奢谈经济利益的。但实际上朱子并不是全部否定对经济利益的追求,“古圣贤之言治,必以仁义为先,而不以功利为急”,不去“急”功利,不是不要功利,而是在对“利”的追求中,不能追求“过欲”,也就是“欲”要符合仁义的标准,这也是理之使然。

原典

义者,天理之所宜。利者,人情之所欲。(《论语集注·里仁第四》)

仁义根于人心之固有,天理之公也;利心生于物我之相形,人欲之私也。循天理,则不求利而自无不利;徇人欲,则求利未得而害己随之。(《孟子集注·梁惠王章句上》)

大抵君子小人只在公私之间。(《朱子语类》卷第四十三)

翻译

所谓道义,是天道之所当行的;而财利又是人情之所希望的。

人心本来就具备了仁义这样的道德,正是天理赋予人心以公正的品质。逐利之心源自外物对内心的冲击,是人的本能、自私的欲望的扩大。遵循天道和自然,即使不刻意去追求事事顺利得益,在未来事事都会自然而然地有利于你。遵从自己的欲望,刻意追求事事顺利得益,反而不会得到,而且会使因为私心杂念产生的种种害处随时伴随着你。

君子和小人的区别就在于为公和为私的不同。

解析

朱子把义放在利之上，强调先义后利，以义制利。虽然将“义”和“利”加以区分，但并不像一般人那样将“义”和“利”对立起来。朱子以“宜”诠释“义”，他针对董仲舒“正其义不谋其利，明其道不计其功”的命题指出：“正其义则利自在，明其道则功自在。”“义”不是对“利”的否定，只是以“义”规范“利”，指导人们合理地追求“利”。“利”既是指那些物利、名位、爵禄等利益，但更多的则是指逐利的动机，即利欲之心。朱子并不一概地否定利，相反，他甚至认为连君子也未尝不欲利，“欲富贵而恶贫贱，人之常情，君子小人未尝不同”（《论语或问》卷第四）。利欲之心人人皆有，但朱子认为这种利欲之心乃是一种带危险性的因素，必须正确对待，慎重处置。若是徇人欲，专以利为心，或只计较对自己有利不利，而不顾“道”或“义理”，那么，这种利益之心便是“人欲之私”，它对己、对社会都是有害的。

朱子主张经济活动与伦理的制约达到和谐统一，认为财富可以后天获得，而获得的途径和手段要符合道义，不义之财不可以取。朱子的物质文明思想对现代社会的启发体现在：现代社会人们由于受经济理性的原始冲动驱使，许多人为发财不计手段，在“利”的面前失去了对“义”最底线的坚守，不道义的行为充斥经济活动过程中，这给社会主义市场经济的健康发展带来损害。朱子对“义”强化的经济伦理思想，无疑对现代人在经济交往中如何平衡“经济人”和“道德人”的角色有重要参考价值。

二、精神文明

精神文明的内涵是非常丰富的，涉及人类思想文化的各个方面。朱子作为理学的集大成者，对中国的人文精神有着深远的影响。这里就以下几个方面阐释朱子在中国封建社会后期精神文明方面的建树。

（一）朱子论仁

《易传》云：“立天之道，曰阴与阳；立地之道，曰柔与刚；立人之道，曰仁与义。”孔子首先把仁作为儒家最高道德规范。孔子论“仁”，包含了爱人、恭、敬、忠、宽、信、敏、惠、孝、悌等德行，也包括了“己所不欲，勿施于人”、无怨等行为表现。孟子在孔子仁说的基础上，提出著名的仁政说，把仁的学说落实到具体的治理上。孟子还说“仁也者，人也”，以心性言仁，把仁与义、礼、智并称，作为性的内涵。宋代理学家把仁纳入理学思想体系，而给予充分重视。朱子对仁的学说，讨论最多，阐发最详，思想最深刻，集前人仁说之大成。朱子对孔孟仁说的发展表现在：首先，以仁为四德之长，其地位在义、礼、智之上，把仁与天理联系起来，并以仁为体，以爱为情、为用，以体用论仁、爱，从本体论的角度发展了孔孟的仁爱思想；其次，以仁为心之德，虽然“心非仁”，但心与仁有密切联系，强调发挥人的主观道德自觉，克己私，以廓然大公来实现仁，这是对孔子“为仁由己”思想的发展；最后，朱子既提出仁与爱的体用之分、仁与公的相互区别，更重视仁与爱、仁与公的相互联系，强调通过爱和公来体现仁，反对二者脱离，反对“离爱而言仁”的倾向，这对于把孔孟的仁爱思想落实到道德践履中，具有重要的意义。经朱子提出成体系的仁说，仁作为天理的内涵，具有宇宙本体和伦理规范双重意义，使儒家仁的学说上升为宇宙本体论哲学，把中国古代的仁学发展到一个新的阶段。

仁可以统摄仁爱、自由、平等、公正，儒学强调的是对他人的友爱与关怀的态度。而今，“己所不欲，勿施于人”被一致公认为世界伦理的金律，仁成为人类共同价值的道德伦理基础，是人类精神文明极为重要的一部分。

原典

人之所以为人，其理则天地之理，其气则天地之气。理无迹，不可见，故于气观之。要识仁之意思，是一个浑然温和之气，其气则天地阳春之气，其理则天地生物之心。（《朱子语类》卷第六）

仁者，心之德，爱之理也。（《论语集注·学而第一》）

天地以生物为心者也，而人物之生又各得夫天地之心以为心者也，故语心之德，虽其总摄贯通、无所不备，然一言以蔽之，则曰仁而已矣。……故人之为心，其德亦有四，曰仁义礼智，而仁无不包；其发用焉，则为爱恭宜别之情，而恻隐之心无所不贯。（《朱文公文集》卷第六十七）

且道如何说个“仁义”二字底道理？大凡天之生物，各付一性，性非有物，只是一个道理之在我者耳。故性之所以为体，只是“仁义礼智信”五字，天下道理不出于此。（《朱文公文集》卷第七十四）

盖仁则是个温和慈爱底道理，义则是个断制裁割底道理，礼则是个恭敬撙节底道理，智则是个分别是非底道理。凡此四者具于人心，乃是性之本体。方其未发，漠然无形象之可见；及其发而为用，则仁者为恻隐，义者为羞恶，礼者为恭敬，智者为是非，随事发见，各有苗脉，不相淆乱，所谓情也。（《朱文公文集》卷第七十四）

翻译

人之所以成为人，其中所蕴含的道理是天地的道理，其中蕴含的气是天地之气。大道本无迹可寻，不可见，因此要从具体可见的物象中观察。要理解仁的意思，它是一个浑然温和之气，这气是天地间阳春之气，这理是天地生物的心。

真正仁爱的人，内心有善良的品德，懂得爱人的道理。

天地之间的生物，是天地的“心”，人物之所以能够生存，也是因为先有天的存在，并用天地的“心”来作为指导自己的行动，所以要说“心”的德性，一句话概括，就是“仁”罢了。……因此人以天地“心”为心，有四种德性，就是仁、义、礼、智，而仁包含了其他方面；仁爱之心用之于实践，就是仁爱、恭敬等适当区别的感情，并将同情之心贯穿其中。

况且如何理解“仁义”二字所蕴含的道理呢？大凡上天生成万物，就赋予每一物一种特性，性不是物质的存在，只是一个道理存在人心中罢了。因此性之所以为体，只是“仁义礼智信”五字，天下道理不出于此。

仁讲求的是温和慈爱的道理，义讲求的是主体实践的裁度功能，礼讲求的是恭敬有礼节的道理，智讲求的是分别是非的道理。这四种品质人心都具备，是性的本体。在其未发之时，寂静而看不见形象；等到其发而为用时，则仁就是恻隐之心，义为羞恶之心，礼为恭敬之心，智为是非之心，伴随着事情的发生展现出来，各有脉络可寻，不相混淆紊乱，这就是所谓的情啊。

解析

朱子关于仁的思想，用一句话来概括，即是“仁者，心之德，爱之理也”，反对“离爱而言仁”，这样就把孔孟的仁爱思想落实到道德践履中，具有重要的意义。朱子视“仁”为“全德”。仁是人心之德，是心所认为合当爱的道理，有爱人利物之心。以仁为四德(仁、义、礼、智)之长，仁包含义、礼、智，其地位在义、礼、智之上。仁的内蕴包含了爱人、恭、敬、忠、宽、信、敏、惠、孝、悌等德行，人对世间万事万物向善的特性，是人之所以为人、所以生的目的。恻隐之情是人向善的表现之一，人必须通过爱、恻隐、不忍等具体情感来实现人之善性。也就是说，仁是由恻隐之情所萌发的一系列情感实现的终极目标。仁不仅发在恻隐，羞恶、辞让、是非都是仁之发。

朱子强调“仁义”二字首先要从人性论上去理解。天赋予每个所生之物一个道理，人身得到的这个道理便是性，性的内容就是仁义礼智信五者。所以这五种都是人性的道理。把仁与天理联系起来，并以仁为体，以爱为情、为用，心与仁有密切联系，强调发挥人的主观道德自觉，克服一己之私，以廓然大公来实现仁，这是对孔子“为仁由己”思想的发展。

朱子还认为仁的意思就是“一个浑然温和之气”。朱子强调，这一浑然温和之气并非仅仅是仁的道德气息，也是天地间阳春之气。春是生气，冬是肃杀之气，但春夏秋冬，只是一气流行的不同阶段。肯定“仁”是生气，即生意，“生意”即生生不息之意，如此，把仁和宇宙流行的趋向打通。

朱子通过仁心、仁德的追本溯源，把人引到了超乎物欲、私欲的超越的自由的本心，引到了“天地生物之心”及其普照一切的爱，目的在于鼓励人由卑鄙、渺小、自私、纵欲、犯罪走向崇高、光明、圣洁，因为只要你愿意，人人都可以求仁而得仁。可以说，仁者情怀代表了儒家最高的道德典范，是精神文明的一个最重要表现。

(二)朱子论礼

“礼”，自古以来就是儒家思想中最为重要的概念之一，《说文解字》曰：“礼者，履也。”即是说制礼的目的是要践礼，在日常的生活中去实践、遵循礼的规范条文。孔子有“不知礼，无以立”“克己复礼为仁”等思想。荀子继承并发展了孔子的礼学思想，创建了深厚的礼学体系，是先秦儒家礼学思想的集大成者，其著名的“礼论”对后世礼学思想产生了重大影响。不仅如此，被视为儒家经典的五经之中的其他四经也体现了礼学思想的内核。《小戴礼记》与《周礼》《仪礼》一道，“通为《三礼》焉”，被列为“国学”。三礼盛行于一个“礼治则治，礼乱则乱”的时代，留给后世礼家以美好的记忆，同时礼也成为人们生活的一种习惯，为维护社会秩序做出过重大贡献。由此不难看出，礼在儒家文化，乃至整个中国传统文化中占据十分重要的地位。朱子是儒家思想的承前启后者，对礼学十分重视，早年曾作《朱子家礼》，二十六岁在同安任上便定释奠礼，申请严婚礼。四十五岁编《古今家祭礼》，五十一岁申乞颁降礼书，晚年还亲自撰写了《仪礼经传通解》的前二十五卷。可以说，朱子一生之中都非常关心并且从事礼制的事业。

朱子处于一个世人对礼治舍本逐末、本末颠倒的时代，三代之礼遭秦火燔灭，古礼的本子与篇目都已减少，“六艺从此缺焉”，《周礼》《仪礼》残缺尤甚、弃置不讲，《大戴礼记》《小戴礼记》真赝混杂、种种错简。更重要的是，后世人心不古，“古礼既莫之考，至于后世之沿革因袭者，亦浸失其意而莫之知矣”（《朱子语类》卷第八十四），发明礼之大本之事，早已陷入群体失忆的境地。礼仪制度由是语焉不详，“礼”“义”则已漫漶难聚，在朱子看来，“古礼繁缛，后人于礼日益疏略”（《朱子语类》卷第八十四），这实际上已经意味着礼制的传统被人为地撕裂、遗忘、弃置，从而导致古今礼法制度殊异。

朱子认为，尽管《三礼》被列为“国学”，显赫一时，但早已去圣贤太远，而汉之后，礼学又一代不如一代。古邦国礼传至唐时已灭绝；有鉴于此，在古今礼法的对话中，朱子无疑展露出一个强烈的改革派的姿态，他并不期待古礼全行于今，相反，古礼之义只需在今人头脑中形成一个大概，不至于群体失忆即可，而对于具体的礼数条文，“必将因今之礼而裁酌其中，取其简易易晓而可行，必不至复取古人繁缛之礼而施之于今也”（《朱子语类》卷第八十四）。换言之，扶植纲常，垂世立教才是他的最终目的。

原典

古人所以讲明其义者，盖缘其仪皆在，其具并存，耳闻目见无非是礼，所谓“三千三百”者，较然可知，故于此论说其义，皆有据依。（《朱子语类》卷第八十四）

“天高地下，万物散殊，而礼制行矣。”……圣人做出许多文章制度礼乐，颠来倒去，都只是这一个道理做出来。……人若是理会得那源头，只是这一个物事，许多头项都有归着，如天下雨一点一点都着在地上。（《朱子语类》（卷第六十四）

礼即天之理也，非礼则己之私也。（《论语或问》卷第十二）

礼者，天理之节文，人事之仪则。（《朱子语类》卷第六）

翻译

古人所说的一定要明白其中的道理，是因为仪礼都存在，道理与仪礼是并存的，人耳闻目见的无非是礼，所谓“三千三百”者，明显可知，因此在此论说其中的道理，都是有依据的。

“天在上地在下，万物各有不同的特性，于是需要施行礼制协调万物之间的关系。”……圣人做出许多文章、制度和礼乐，翻来覆去，都只是因这一个道理做出来的。……人若是明白了事物的源头，只是这一个物一件事，许多头绪就都有归属了，就像天下雨，是一点一点下在了地上。

合乎礼即是合乎自然的道理，不合乎礼就是纵一己之私欲。

所谓礼，就是指自然法则所规定的礼仪、人事的法则。

解析

朱子希望能建立一个可以遵循的具体实在之礼仪来规范人们的生活。“节文”其实就是“礼之文”“文章度数”，主要作用就是教人能够依照这些礼仪规范来行为处事，正如张寿安先生所说的：“礼学是实学，不可抽象空谈。

礼学研究一定得循制度、仪文进行。”①这种说法正合朱子之意。

朱子认为制定礼典的目的有二：一是为封建统治阶级的中央集权服务，即“上助圣朝”；二是能够让平民百姓的道德水平得以提高，使得社会的风气井然有序，即“敦化导民”。

在朱子看来，学礼首在大本大原、大纲大目处；次则逐事理会、辨文别义，做到穷理以致其知，反躬以践其实。只有穷究其义理，方能致涵养践履之功，故只有取法其上，方能得智识之真与践履之实。一方面，学礼要立大本大原的格局，能与圣贤对话，因圣人治礼之意而观自然之理。涵养践履，即当以圣贤之言反求诸身，除于纸上求义理外，还须就切己上体察朱子对于礼学的发明，是将“考礼”与“制礼”合二为一，将“经典”与“义理”融会贯通。另一方面，学礼亦是修身、践履的工夫。他认为，所谓“博学于文，约之以礼”，“博”是致知格物，所谓“约”便是克己复礼。礼者，体也，履也，谓其诵而说者，至是可践履之意。欲与圣贤对话，不徒是在智识与文本上对礼加以体认，学礼之要重在发明与践履，将往圣之言续传。他一再强调承续圣贤道统的重要前提就是学之博、知之要、行之笃，在这种知行合一的治学理路指导下，朱子晚年开始着手重编礼书，实际上是其家礼中“人伦日用之常”思想的一种延伸。

“克己复礼为仁”是儒家的重要命题，朱子认为所谓“克己复礼”即是克除人之“私欲”而恢复天之“公理”。朱子认为不是一切身体之欲望都是“私欲”，人只要有健全的形体，就有四肢之欲望，“欲”可以分为发端于“情之正”的“好底欲”和不发于“情之正”的“不好底欲”。前者是人之为人所必需的正常的欲望，譬如“夏葛冬裘，渴饮饥食”等维持生命的基本需要。而后者则是不能提倡，有违于天理的“欲”，“多而不节，未有不失其本心者，学者所当深戒也”（《孟子集注·尽心章句下》）。这种“深戒”之对象才是朱子所反对的“不好底欲”，即“私欲”。由此可以看出，朱子思想并非简单地要求人们无欲或者禁欲。

朱子认为天理和人欲之间的关系是此消彼长的，即“人只有天理、人欲

① 张寿安：《十八世纪礼学考证的思想活力》，北京大学出版社2005年版，第14页。

两途,不是天理,便是人欲"(《朱子语类》卷第四十一)。也就是说,只要克尽了人之私欲,便能天理流行,而礼本身又是"天理之节文",所以势必"克己"便能"复礼"。故而,朱子十分看重"克己"的工夫,他要求人们每日都要做,即"今日'克己复礼',是今日事;明日'克己复礼',是明日事。'克己复礼'有几多工夫在,须日日用工"(《朱子语类》卷第四十一)。这提醒人们须日日告诫自己"克己"和"成仁"是一体的关系,须臾不可离,坚持下来总有一日能成圣成贤。

朱子关于礼的思想的真正特质在于其"经世化倾向"。他不仅为立志于成圣成贤的儒者提供了一整套修身养性、克己复礼的层级化道路,而且更为重要的是他实现了真正意义上的"礼下庶人"的状况,影响了整个中国封建社会的后半期。

三、生态文明

人类社会诞生之时,人与自然就发生了关系,就有生态问题。中国的生态文化是一种人文生态。中国人不仅把"天人合一"作为自己基本的宇宙观,而且将其作为自己最高的人生理想。追求人与自然的和谐,是中国几千年传统文化的主流。宋代,理学伦理观的一个重要表现,就是将人与人、人与社会间的道德原则向人际关系以外的人与万物间拓展。北宋理学家张载说:"乾称父,坤称母;予兹藐焉,乃混然中处。故天地之塞,吾其体;天地之帅,吾其性。民吾同胞,物吾与也。"他的这个"民吾同胞,物吾与也"的伦理道德理念,确立了同处天地之间的一切人皆是兄弟同胞,万物与人也是同一性体的泛人伦化。这就将伦理道德感情贯注到人与万物的关系中,人不仅对他人,同时对万物也承担着某种伦理责任。朱子在总结、吸取前人思想的基础上,形成了自己独特的生态价值观。

(一)"天地万物一理"的生态精神境界

天理论是朱子理学思想体系的核心思想。他以理为宇宙本体,把儒家伦理与宇宙本体统一于天理,这是朱子天理论哲学的实质与核心。在"理一元论”哲学的前提下，朱子对其生态哲学的内涵与属性做了具体的论述。

原典

天地之间，人物之众，其理本一，而分未尝不殊也。（《孟子集注·梁惠王章句上》）

盖天人一物，内外一理，流通贯彻，初无间隔。（《朱子语类》卷第十七）

盖骨肉之亲，本同一气，又非但若人之同类而已。故古人必由亲亲推之，然后及于仁民；又推其余，然后及于爱物，皆由近以及远，自易以及难。（《孟子集注·梁惠王章句上》）

翻译

天地之间，人与物众多，而蕴含在其间的理是相同的，只不过每种事物有各自不同的表现罢了。

天人本是一体，内外本来一理，流通贯彻，没有间隔。

骨肉之亲，本来是一气的，不仅仅是因为人与人作为同类应当同气相求。因此古人必然由爱自己的亲人推广开，然后到爱别人；又扩展到爱物，都是由近及远，由易到难。

解析

在朱子看来，人作为自然界之派生物，体现了自然界的一般规律即天地宇宙的生生之理，人与自然界必须保持一种动态的平衡。人要实现自然天地的生生之理，必须实现并完善自己的人性，才能回归到自然界的本体之存在，也即天之所以为天，人之所以为人，只有一“理”，“理会得”天人一理，才能达到人与自然和谐之目的。这种人与万物共生共存的“理一分殊”思想，包含了尊重生命和善待自然的观念。

朱子“万物一理”的生态哲学，进一步发展了儒家“天人合一”“万物一体”的思想。由“天人合一”发展为“万物一体”，再发展到“万物一理”，这是将人与自然、万物都融为一体，把人与自然、万物的发展变化看作是相辅相成的和谐、平衡运动。朱子的“万物一理”思想成为宋明理学生态平衡的理论基础。

在朱子看来,人类道德要由“亲亲”推展到“仁民”,再由“仁民”扩展到“爱物”,即从人与人之间(“亲亲”“仁民”)向人与自然之间(“爱物”)推及,并且是“由近以及远”“自易以及难”的道德实践。这样就把道德扩展到宇宙万物,从而提出了“视万物如己之侪辈”“以事亲之道事天”的生态伦理。朱子把宇宙间所有物类视作人类伙伴的“爱物”思想,为人类平等对待自然,人与自然和谐相处提供了重要的理论依据。

(二)“天地生物之心”的生态基本原则

原典

天地以生物为心,而所生之物因各得夫天地生物之心以为心,所以人皆有不忍人之心也。(《孟子集注·公孙丑章句上》)

仁者,生之理。(《朱子语类》卷第九十五)

仁是个生底物事。既是生底物,便具生之理。生之理发出便是爱。(《朱子语类》卷第二十一)

翻译

天地以厚生爱民为心,而天地所生的物又各以厚生爱民之心作为自己的心,所以人都有不忍之心。

仁就是自然界生生不息的道理。

仁是自然界生生不息的物事。既是有生命的物,便具有生生不息的理。生生不息的理生发出来的便是爱。

解析

朱子认为仁就是生,就是“天地生物之心”,也就是自然界的“生生之道”。这就是以仁为天地的生生之德。“天地生物之心”就是仁心,人有了“天地生物之心”就有“不忍之心”,就会对自然万物无所不尊,无所不爱。人有了这种仁心,就会实现人与自然万物的和谐相处,共同发展。

人之所以为贵，就在于人有仁心，而仁心的本质，就在于"爱物"，而不是无限制地掠夺万物。仁是人之所以为人之性，也是人之所当为的义务和责任。

（三）"仁民爱物"的生态伦理观

原典

自一家言之，父母是一家之父母；自天下言之，天地是天下之父母；通是一气，初无间隔。"民吾同胞，物吾与也"，万物虽皆天地所生，而人独得天地之正气，故人为最灵，故民同胞，物则亦我之侪辈……大抵即事亲以明事天。（《朱子语类》卷第九十八）

物，谓禽兽草木。爱，谓取之有时，用之有节。（《孟子集注·尽心章句上》）

目前事事物物皆有至理，如一草一木、一禽一兽，皆有理。……自家知得万物均气同体……非其时不伐一木，不杀一兽，不杀胎，不夭夭，不覆巢，此便是合内外之理。（《朱子语类》卷第十五）

翻译

从家庭方面看，父母是一家之父母；从整个天下看，天地是天下之父母；这是通同一气的，起初并无间隔。"民吾同胞，物吾与也"，万物虽然都是天地所生，而人独得天地之正气，因此人最有灵气，因此百姓是我的同胞，世间万物也是我的同辈……大概从侍奉父母的事情上就可以明白如何侍奉老天。

所谓物，就是禽兽草木。所谓爱，就是对于自然的取用既要有时节的规定，又要有数量的节制。

天下所有的事物都有真理，如一草一木、一禽一兽，都有真理在。……人得知道自己与万物是一气同体的……不在规定的时节不砍伐一棵树、不杀一兽，不杀怀孕的动物，不杀幼小的动物，不倾覆鸟巢，这样便符合天地自然的规律和人内在的道德需求。

解析

朱子认为，“爱物”就是人类要树立尊重自然、善待自然的伦理道德立场，人要做到对物取之有时、用之有节，不能为了满足自己的物质欲望，而肆无忌惮地占有和掠夺自然资源。人若能以“仁民爱物”的胸怀，以“万物一理”的境界对待自然界，那么利用和开发自然就是建设性的，而不是破坏性的。对于眼前事事物物，一草一木、一禽一兽，都要认识它们的生命价值（“至理”），以爱心对待之，因为它们与自家生命是“均气同体”，互相感通的。

朱子还倡导“即物穷理”，要认识万物之理，穷万物之“至理”，即“生理”，即仁。朱子认为，仁就在人的心里，所以即物穷理的最终目的是“爱物”。在朱子看来，这种“合内外之理”是以“爱物”为目的，是为了万物的生存权利，为了人类的可持续发展。人既要顺应万物，以“仁爱之心”来获得人类必要的资源，又要对自然变化做出制约，引导好自然万物的发展。

（四）“中和”的生态和谐观

人类社会和自然界的一个很重要的特征，就是多样性，即人和所有生物的多样性。这是人类和自然界能够持续生存的基本条件。朱子的“中和”思想，对于人与自然来说，既要考虑人类的价值和利益，也要考虑到自然的承受能力，从而在二者之中达到一种平衡。这是朱子“中和”生态和谐观给人们的一种有益启示。

原典

中和在我，天人无间，而天地之所以位，万物之所以育，其不外是矣。（《朱文公文集》卷第六十七）

万物并育于其间而不相害，四时日月错行代明而不相悖。（《中庸章句》）

“天地位，万物育”，便是“裁成辅相”，“以左右民”底工夫。若不能“致中和”，则山崩川竭者有矣，天地安得而位！胎夭失所者有矣，万物安得而育！（《朱子语类》卷第六十二）

翻译

能否做到中和完全在我自己，天、地、人的位置摆正了，万事万物就都能健康地发育成长，说的不外是这个道理。

万物共同繁育在天地之间而不相互违背，四季和日月更迭运行而不相互违背。

“天、地、人的位置摆正了，万事万物就都能健康地发育成长”，这是“学习天地运行的道理，运用实际合宜的道理来引导民众生活处事”，“支配黎民百姓”的工夫。如果不能“道德修养达到不偏不倚、十分和谐的境界”，那么就会出现山崩塌河流枯竭的现象，天地位置怎么能摆正呢！胎儿夭折的现象便出现了，万物怎么能化育呢！

解析

朱子认为，“中”是天地万物生长发育的一种常态，人们对待自然的行为要符合这种常态，才不会违背天理。这就是《中庸》所言：“中也者，天下之大本也；和也者，天下之达道也。致中和，天地位焉，万物育焉。”这种“中和”的路径是由人内在的心性和谐而达至人类与自然万物的和谐。这就是说，只要人能行“中和”之道，天人关系就能达到和谐，天地万物就能保持各自的地位，获得正常的发展。就是说，既要保持生态系统中物种的多样化和适量，又要使万物各得其宜，使自然生态系统实现“和”的状态。

朱子从理气论和心性论角度提出的“天地万物一理”的思维模式，是构建现代生态伦理学的重要思想来源之一。所谓“天地万物一理”，是说人与动物、植物同出一理，同源于天地之理以为性，同源于天地之气以为形。天理流行，气化流行，天地万物构成一个有机的世界。在万物之中，人禀受天地之灵气而成为万物之灵，应自觉地把天赋的仁爱之心，由人际道德向生态伦理拓展，从而构成现代生态伦理学的重要理论基石之一。所以，美国当代生态伦理学权威、国际环境伦理学协会主席、科罗拉多州立大学教授罗尔斯顿(H. Rolston)指出，建构当代生态伦理学的契机和出路在中国传统的哲学思想中。在历史上，中华民族能历久弥新，一个非常重要的因素是儒家经过长期培养起来的生态意识，维持了中华民族生存区域的自然环境。

对于保护生态环境的问题，早在八百多年前朱子与弟子的答问中已出现。朱子的弟子问"天地会坏否"，朱子回答说："不会坏。只是相将人无道极了，便一齐打合，混沌一番，人物都尽，又重新起。"(《朱子语类》卷第一)。这就是说，人类要是不讲道德、不讲理性，地球就会被破坏成原始的混沌状态。朱子的这个思想是很有远见的。现在，人们已感到生态环境的危机，而提出保护地球——我们的生存家园的呼吁。

在具体实践方面，朱子历来重视农业生产发展，在朝廷奏章中曾对农田耕作及护理、牲畜保护和南岳绿化等提出具体建议，其中渗透了人与自然和谐统一的生态伦理思想。如他曾大力提倡保护生态环境，这体现在任职湖南时所发布的绿化南岳的榜文中。他首先说明种植树木的重要性，是兴国崇礼之势所需。但南岳衡山当时的状况是政府监督力度不强所造成的，其后果是林木乱砍滥伐，生态环境受到严重破坏。针对出现的问题，朱子提出了种植和保护的具体方法，森林由官府勘定，寺院专属土地权，不得占用；并由寺院统一负责、合理规划、悉心护理，开垦森林绿地，节约有度地伐木，使林木繁茂，形成良好平衡的生态环境。他还公示榜文，劝阻乱砍滥伐行为，违令者以犯罪论处，严惩不贷。朱子绿化南岳的榜文，符合实际，职权明确，措施合理，促进了当时南岳生态环境的改善。

总的说来，朱子的生态伦理思想就是主张人类与自然界是和谐统一、共融共生的有机整体，作为社会生活中的道德主体的人类对自然和谐同样具有道德责任和义务。这是中国古代自然中心主义的观点体现，可以为当前的和谐社会的构建提供伦理依据和思想资源。

和谐

——和也者，天下之达道

和谐自古以来就是中华文明遵循的核心价值理念。中华民族的祖先在对人与自然关系的原始思索、在对超自然现象的崇拜中就孕育了天人合一的和合思维模式。随着国家的产生，天人关系在人际冲突中世俗化、伦理化，从西周至春秋战国时期天人之际的论辩与实践奠定了以儒家仁学理论为主要代表的丰富的和谐伦理思想基本框架。经秦汉以来社会实践与理论拓展，最终形成了“致中和”的身心和谐观，“夫和妇柔”的家庭和谐观，“礼之用，和为贵”“和而不同”的社会关系和谐观，“利物和义”的天人群己和谐观，“协和万邦”的世界和谐观，“保合太和”的万物和谐观。朱子的和谐观正是源于这些思想基础，并对其进一步发展。其和谐观蕴含着中国人的生存智慧，体现着中国人的精神基因，也昭示着中国人的社会理想，是个人身心、人与人、人与社会、人与自然的有机统一。

一、律和声，八音克谐

原典

古人以乐教胄子，缘平和中正。“诗言志，歌永言；声依永，律和声。八音克谐，无相夺伦。”古人诗只一两句，歌便衍得来长。声是宫商角徵羽。是声依所歌而发，却用律以和之。如黄钟为宫，则太簇为羽之类，不可乱其伦序也。(《朱子语类》卷第七十八)

翻译

古人用音乐来教育帝王和贵族的子孙，只因为音乐平和中正。“诗是用来表达人的思想、抱负、志向的；歌咏是延长诗的语言，即通过对诗的吟唱，来延长诗中所包含的人的思想、抱负、志向，以突出诗意；声音音调的高低要和吟唱的长言相配合，合乎吟唱的音律。音律要谐和五声。律吕是用来调和歌声的。八类乐器演奏的声音能够互相调和，不使它们乱了次序，那么人的身心精神都会因此而和谐。”古人写的诗只一两句，歌咏却将它发挥推演得很长。五声依所歌咏而发，却用黄钟、太簇、姑洗、蕤宾、夷则、无射六律来调和。如黄钟为宫调，则太簇是羽调之类，不可混乱了它们的伦序。

解析

“和”与“谐”在句子中的连缀使用首见于《尚书·尧典》：“律和声，八音克谐。”后来又有《左传》：“如乐之和，无所不谐。”可见，“和谐”一词最早的产生与音乐紧密相关，本意源自乐音的和谐共鸣，用来形容乐音的协调而匀称。“律”有十二，包括六律六吕，“六律”即指黄钟、太簇、姑洗、蕤宾、夷则、无射；“六吕”指大吕、应钟、南吕、林钟、仲吕、夹钟。“声”指五声乐音，即指宫、商、角、徵、羽。音乐需要用律吕来调和。“八音”指用金、石、丝、竹、匏、土、革、木制作的八类乐器的声音，需要依声律调和配合才能演奏出和谐的音乐。现在音乐里面仍有合唱、协奏曲等，都要求表演者唱腔协调一致，或者演奏者配合协调，否则就变成噪声而非音乐。音乐会使人产生快乐，乐音和谐可以陶冶性情。琴、棋、书、画四大雅玩是古代文人才华的标配。四大雅玩中，代表音乐的就是琴，弹琴会使人内心平和，远离喧嚣，烦恼不扰，气质不俗，提升修养，陶冶情操，身康体健。五音的和谐旋律有助于调节五脏六腑的阴阳平衡，使气血和畅，有助于养生。和谐源自乐音，后来引申为人与人之间友好相处、和睦融洽的关系。

二、致中和

原典

喜怒哀乐之未发，谓之中；发而皆中节，谓之和。中也者，天下之大本也；和也者，天下之达道也。……喜、怒、哀、乐，情也。其未发，则性也，无所偏倚，故谓之中。发皆中节，情之正也，无所乖戾，故谓之和。大本者，天命之性，天下之理皆由此出，道之体也。达道者，循性之谓，天下古今之所共由，道之用也。此言性情之德，以明道不可离之意。致中和，天地位焉，万物育焉。(《中庸章句》)

翻译

喜怒哀乐没有表露出来，就叫作“中”；表露出来而都能够合情合理，符合节制，就叫作“和”。“中”是天下的最大根本；“和”是天下通达的道路。……喜、怒、哀、乐是情绪。情绪没有表露出来就是天性，没有偏倚，所以称之为“中”。表露出来都符合节制，是情绪的正常状态，没有乖戾的地方，所以称之为“和”。最大根本是天命之性，天下之道理都由此演化出来，构成道的本体。通达的道路，是遵循天性的意思，是天下古今之所共同遵循的法则，是道的具体应用。这些讲的是性情品德，用来明确道理不可舍离之意。推而极致达到中和的境界，天地万物就会各安其位，万物就会顺利生长发育。

解析

儒家认为能“致中和”，则天地万物都能够各得其所，就会达到和谐的境界，就会有利于万物生长发育。儒家以中正平和的中庸之道作为身心修养的内容。致中和是中庸之道的路径，是诚意正心修身的修养法门。未发之中，诸人之心，万相之体。此心此中，人人皆有，个个不缺，然而人人皆有此心，却非人人识得此心，却非人人识得此中。见色时，用此心见。闻声时，用此心闻。嗅香时，用此心嗅。乃至语默动静时，所用之物，皆是此心。这个生发喜怒哀乐的“中”，便是诸人心及天地万物的根。若人识得此心，便入了圣流。悟了此心,明了此中,从心而发用,从中而发用,是名“从心所欲”,亦名“发皆中节”,亦名“致中和”。若是昧却此心,不明此中,乘习气而行,是名任意妄为,亦名反中庸,亦名小人之德。未发之中是生发万相的大本。发皆中节是顺中之作,从心之行。“致中”就是要像孟子所说的求放心、存心养性之类;“致和”就是要像孟子所说的充广仁义之心之类。喜怒哀乐都是人类不可或缺的情感,这些情感发出只有符合节制才能达到和谐。[①] 因此,人的情绪要合乎情理地发泄,达到致中和的境界,平时就要存心养性,以诚意正心修身。

三、以孝和谐其亲

原典

《虞书》称舜之德曰:“父顽、母嚚、象傲,克谐以孝,烝烝乂,不格奸。”所贵乎舜者为其能以孝和谐其亲,使之进进以善自治,而不至于恶也。……《史剡》曰:尧以二女妻舜,百官牛羊事舜于畎亩之中,瞽瞍与象犹欲杀之,使舜涂廪而纵火,舜以两笠自扞而下。又使舜穿井而实以土,舜为匿空出他人井。……象曰:“谟盖都君咸我绩。牛羊父母,仓廪父母,干戈朕,琴朕,弤朕,二嫂使治朕栖。”象往入舜宫,舜在床琴。象曰:“郁陶思君尔。”忸怩。舜曰:“惟兹臣庶,汝其予于治。”(《朱文公文集》卷第七十三)

翻译

《虞书》称赞舜的品德时说:“他的父亲很顽劣,母亲很愚蠢荒谬,弟弟象又傲慢无礼。舜仍能克尽孝道,用义来要求自己,用自己的道义来感化象,并没有力图改变象的奸邪。”对于舜而言最为可贵的品格在于他能用孝道来使一家人相处得很和谐,并用孝道来修身自治,象已进于义,最终没有发展成为十分奸邪狠毒的人。……司马光所著的《史剡》记载道:尧以二女娥皇、

① 兰宗荣:《朱子的治国新民之道——基于社会主义核心价值观语汇的考察》,《朱子学研究(第三十四辑)》,江西教育出版社2020年版,第59页。

女英嫁给舜为妻，舜发迹于畎亩之中，这时已有文武百官和牛羊侍奉他，父亲瞽瞍与弟弟象还想杀他，便打发舜去修缮谷仓，等舜上了屋顶，便抽去梯子，放火烧那谷仓。幸而舜用两顶斗笠保护自己并设法从屋顶跳了下来。于是他们又打发舜下井去掏泥，象便趁机填塞了井眼。他不知道舜藏匿井中并挖通道从旁边他人的井逃了出来。……象说："出谋划策活埋舜，都是我的功劳啊！牛羊分给父母，仓廪分给父母，干戈归我，琴归我，弤弓归我，还要让两位嫂嫂为我铺床叠被。"象便向舜的住房走去，却发现舜坐在床边弹琴。象说："我好想念你呀！"神色却显得十分不自然。舜对象说："我想念我的臣下和百姓，你替我管理管理吧！"

解析

孝道文化是关于关爱父母长辈、尊老敬老的一种文化传统。孝道是中国古代社会的基本道德规范。舜是传说中的远古五帝之一，姓姚，名重华，号有虞氏，史称"虞舜"。虽然舜的家庭成员很糟糕，父顽，母嚚，弟象傲，但是舜是至孝之人，事后装作不知道他们害己这件事，毫不嫉恨，仍对父亲恭顺，对弟弟慈爱，结果全家一起其乐融融。正因为舜能够遵循作为人子、兄长的本分，成为中国历史上有名的孝子，以他为原型的故事"孝感动天"名列二十四孝之首。中国传统社会是家国同构的社会，家庭是社会的基本细胞，家庭和谐了，扩而大之，就会实现社会的和谐、国家的和谐，即所谓的天下之本在国，国之本在家，家之本在身，一家仁，一国兴仁，一家让，一国兴让。因此建设社会主义国家的和谐应从自我身心和谐、家庭和谐开始。

四、夫和妇柔

原典

君之所贵者，仁也。臣之所贵者，忠也。父之所贵者，慈也。子之所贵者，孝也。兄之所贵者，友也。弟之所贵者，恭也。夫之所贵者，和也。妇之所贵者，柔也。事师长贵乎礼也，交朋友贵乎信也。（朱培《文公大全集补遗》卷第八）

翻译

当国君所珍贵的就是“仁”,爱护人民。当人臣所珍贵的就是“忠”,忠君爱国。当父亲所珍贵的就是“慈”,疼爱子女。当子女所珍贵的就是“孝”,孝顺父母。当兄长所珍贵的就是“友”,爱护弟弟。当弟弟所珍贵的就是“恭”,尊敬兄长。当丈夫所珍贵的就是“和”,对妻子和睦。当妻子所珍贵的就是“柔”,对丈夫温顺。侍奉师长要有礼貌,交朋友应当重视信用。[①]

解析

文公《朱子家训》是以家庭道德为主的启蒙教材,全篇虽仅三百余字,却精辟地阐明了修身治家之道,是一篇家教名训。其中,许多内容继承了中国传统文化的优点,字字珠玑,是朱子治家、做人思想的浓缩。《朱子家训》倡导家庭亲睦、人际和谐、重德修身。朱子认为凡说义,各有分别,如:父子、夫妇、兄弟、上下之义,自然不同,似乎不和,然而各正其分,各得其所,就会和谐。所以“人义”就是做人所应该做的事情。每个人各依本分行事,人际关系就会自然和谐。在人际交往中有父慈、子孝、兄友、弟恭、夫和、妇柔、长惠、幼顺、上仁、下忠等人义十种。前八种是家庭关系的亲亲之行,表现在家庭成员及长幼关系中。在家庭及社会人际交往中,子女要孝敬父母,家长要疼爱而非溺爱子女,兄长要对弟弟友爱,弟弟要对兄长尊敬,丈夫要对妻子和气,妻子要对丈夫柔顺,长辈则要对晚辈有恩惠,晚辈则要对长辈恭顺,上级要对下级讲仁义,下级要对上级尽忠心。[②] 朱子强调和顺是齐家之本,夫妻和谐是家庭幸福快乐的基础。

五、和而不同

原典

只君子平常自处亦自和,自然不同。大抵君子小人只在公私之间。淳

① 兰宗荣:《朱熹家庭伦理思想探微》,《南平师专学报》2000年第3期,第23页。

② 兰宗荣:《朱熹和谐观的当代价值》,《南平师专学报》2006年第3期,第10页。

录云:“君子小人只是这一个事,而心有公私不同。孔子论君子小人,皆然。”和是公底同,同是私底和。如“周而不比”,亦然。周是公底比,比是私底周,同一事而有公私。……“君子和而不同”……盖君子之心,是大家只理会这一个公当底道理,故常和而不可以苟同。小人是做个私意,故虽相与阿比,然两人相聚也便分个彼己了;故有些小利害,便至纷争而不和也。(《朱子语类》卷第四十三)

事其大夫之贤者,友其士之仁者,非隘也,和而不同,遁世无闷,非不恭也。苟毋失其中,虽孔子由之,何得云君子不由乎?(《朱文公文集》卷第七十三)

翻译

正人君子只要平时善待自己,自然就能和谐,自然就会与众不同。大体君子与小人的区别只在对待公与私的态度上。陈淳记录道:“君子与小人区别只在对待公与私的态度这一件事上,心有公私的不同。孔子谈论君子与小人,都是这样。”和是公的同,同是私的和。就像“周而不比”,也是这样,意思是以公正之心对待天下众人,没有预定的成见及私心,不徇私护短。“周”是合围合群,“比”是前后紧随,结党为奸,同一件事就有公私之异。……“君子和而不同”……大概君子之心,是大家只理会这一个公正合宜的道理,所以常常和却不可以苟同。小人都出于私心,所以虽然相互勾结,然而两人聚在一起时也便分出彼此来了;所以只要有一些小的利害冲突,就会纷争而不和谐了。

能够侍奉大夫的贤人,与士做朋友的仁人,并不是狭隘的人,他们能够和睦地相处,但不随意地附和别人,逃避世俗而心无烦忧,但不是玩世不恭。假使能够不迷失其中,即使是孔子都想走这条正道,君子哪会不走这条正道呢?

解析

朱子强调以宽厚处世,和谐相处,目的是要创造和谐的人际环境。君子能够和睦地相处,但不随便附和别人。以上下关系为例:上所谓是,是中有非，下言其非，以成其是，为“和”；上之所是，下必是之；上之所非，下必非之，为“同”。君子和而不同，就是说君子会平和地对待你、尊重你，但是他会坚持自己的看法，不会随便屈从你的观点和意见。小人同而不和，就是说小人不会坚持自己的看法，而会屈从你的观点和意见，但是他不会平和地对待你、尊重你。孔子曾说，君子为首时能与众人相协调一致，然而观点与目的并不一定相同；小人为首时则是观点与目的都要相同，然而众小人却不能协调一致。君子可以与他周围保持和谐融洽的氛围，待人和顺友善，但他对待任何事情都持有自己的独立见解，而不是人云亦云，盲目附和；小人则没有自己独立的见解，虽然常和他人保持一致，却是毫无原则、不辨是非曲直的“苟同”，实际并不讲求真正的和谐贯通，与别人不能保持融洽友好的关系。“和实生物，同则不继”，宇宙万物的存在都是“和”，而不是“同”，引申出我们处世的一个根本态度或原则，即应该求“和”而不求“同”。“和而不同”乃中和之道，要懂得容纳不同观点，这是处理人际关系的黄金法则，强调在为人处事上要顾大局，要有整体原则。

六、礼之用，和为贵

原典

有子曰：“礼之用，和为贵。先王之道，斯为美，小大由之。礼者，天理之节文，人事之仪则也。和者，从容不迫之意。盖礼之为体虽严，而皆出于自然之理，故其用，必从容而不迫，乃为可贵。先王之道，此其所以为美，而小事大事无不由之也。有所不行，知和而和，不以礼节之，亦不可行也。”承上文而言，如此而复有所不行者，以其徒知和之为贵而一于和，不复以礼节之，则亦非复理之本然矣，所以流荡忘反，而亦不可行也。程子曰：“礼胜则离，故礼之用和为贵。先王之道以斯为美，而小大由之。乐胜则流，故有所不行者，知和而和，不以礼节之，亦不可行。”范氏曰：“凡礼之体主于敬，而其用则以和为贵。敬者，礼之所以立也；和者，乐之所由生也。若有子可谓达礼乐之本矣。”愚谓严而泰，和而节，此理之自然，礼之全体也。毫厘有差，则失其

中正，而各倚于一偏，其不可行均矣。（《论语集注·学而第一》）

翻译

有子说："礼的功用，以遇事做得恰当和顺为可贵。以前的圣明君主治理国家，最可贵的地方就在这里。他们做事，无论大事小事，都按这个原则去做。礼是天理的礼节仪式，人际关系的法则。和是从容不迫的意思。大概礼表面虽然严格，然而都是出于自然之理，所以它的应用，一定是从容不迫的，这才是可贵之处。以前的圣明君主治理国家，最可贵的地方就在这里。他们做事，无论大事小事，无不按这个原则去做。如遇到行不通的，仍一味地追求和顺，却并不用礼法去节制它，也是行不通的。"承接上文来说，如此而又有行不通的，是因为它只知一味和之为贵而统一于和，不再用礼制仪式节制，那么也不是恢复天理的本来面目，所以一味于和或过分的礼节，左右摇摆不定，忘记返回根本，也是行不通的。程颐说："礼节一旦过分，连亲属也会显得疏远了。所以礼的应用以从容不迫为贵。以前的圣明君主治理国家，最可贵的地方就在这里。他们做事，无论大事小事，都按这个原则去做。音乐过分，就会向坏的方面发展，所以要审时度势，决定取舍，选择重要的事情去做，而不做或暂时不做某些事情。为了和谐而和谐，不用礼制来节制，也是不可行的。"范仲淹说："凡是礼节的本质主要体现在敬畏，然而其运用则以恰当和顺为贵。敬畏是礼节之所以确立的根基。恰当和顺是快乐产生的地方。就像有子说的话，可以说已经触及礼乐的根本了。"我说严肃而平和通达，从容不迫又有所节制，这是天理的本来面目，也是礼制的全体。有毫厘偏差，就会失其中正，而各偏向一方，一样是不可行的。

解析

儒家认为，礼的推行和应用要以从容不迫的和谐为贵。但是，凡事都要讲和谐，或者为和谐而和谐，不受礼制的约束也是行不通的。可见儒家提倡的和并不是无原则的调和，这是有其合理性的。就是说，既要遵守礼所规定的等级差别，相互之间又不要出现不和谐。春秋时代，礼乐制度开始崩溃，臣弑君、子弑父的现象已属常见。对此，有子提出"和为贵"说，其目的是缓和不同等级之间的对立，讲信修睦，使之不至于关系破裂，以维护当时的社会秩序。

礼之体主于敬，无敬不生礼。“心与理一”是朱子中和观的基本精神。礼过分了就会流于表面形式，让人觉得是阿谀奉承、溜须拍马、别有用心，如此则非敬；礼之不及则表现为其心不敬，其意不诚。敬由心生，诚发于外则敬。朱子认为敬、和都具有共同之本体，也是相通的，都是心做出的。敬则和，和则自然敬。

礼是儒家学说的核心内容之一，也是中国古代社会遵循了几千年的道德规范和行为准则，几乎已经潜移默化地形成了中华民族的风俗习惯。进入近现代社会以来，礼却成了一批接受西方教育的知识分子鞭挞中国传统文化的首当其冲的突破口，认为它制造等级观念、束缚人的思想，严重阻碍了中国社会的进步，进而用“封建”一词把包括“礼”在内的中国传统文化予以全盘否定与埋葬。固然，礼的道德思想在漫长的社会实践中不乏一些被推到极端的恶例，但是它的主旨仍然是宣扬和建立一种报答亲情和促进社会和谐的社会责任和秩序，其中有些部分仍然是我们今天应该发扬光大的传统美德。

七、协和万邦

原典

子贡所问，以事功而言，于本体初无干涉，故圣人举此心之全体大用以告之。以己之欲立者立人，以己之欲达者达人，以己及物，无些私意。如尧之“克明俊德，以亲九族；九族既睦，平章百姓；百姓昭明，协和万邦，黎民于变时雍”，以至于“钦若昊天，历象日月星辰，敬授人时”，道理都拥出来。(《朱子语类》卷第三十三)

翻译

子贡所问，是用事功来说，与本体最初并无瓜葛，所以圣人用此心的全体举例告诉人们。你自己想有所建树，马上就要想到也要让别人有所建树；你自己想实现理想，马上就要想到也要帮助别人实现理想。推己及人，以至于万物，没有任何私意。如尧的所为，他能发扬大德，使家族亲密和睦。家族和睦以后，又辨明其他各族的政事。众族的政事辨明了，又协调万邦诸国。天下众民也相递变得友好和睦起来。甚至命令羲氏、和氏严谨地遵循天数，推算日月星辰运行的规律，制定出历法，把天时节令告诉人们，使知时令变化，不误农时。道理都簇拥而涌出来。

解析

众所周知，中国向来被看作是礼仪之邦，并且“以和为贵”。现实确实也如此，中国人都是热爱和平，反对战争的，而协和万邦思想更是其中一个很好的体现。协和万邦出自《尚书·尧典》，主张人民之间和睦相处、国家友好往来。万邦的范围广阔，包括许多国家，就像今天所说的世界、全天下。儒家思想最理想的社会是天下大同，所有的邦国都和谐相处。在那里“天下为公”，人不独亲其亲，不独子其子，老有所终，壮有所用；货恶其弃于地也不必藏于己；力恶其不出于身也不必为己；谋闭而不兴，盗窃乱贼而不作，外户而不闭。人际关系良善，社会秩序很好，是谓大同。为什么叫“大同”呢？注者特别指出：“同犹和也，平也。”可见“大同”的本意就是世界大和谐。朱子在为《大学》“平天下在治其国者，上老老而民兴孝，上长长而民兴弟，上恤孤而民不倍”作注时说：各国领导人如果都能按此三者行事先把自己的国家治理好，并“因其所同，推以度物，使彼我之间各得分愿，则上下四旁均齐方正，而天下平矣”。告诫统治者处事要公正，去除一己之偏爱，好恶一同于天下。国家之间的矛盾得到公正合理的解决，世界和谐的理念就实现了。当然对于事关民族国家危亡的大是大非问题，朱子认为是不能讲宽宏的。对敌人的入侵，朱子认为讲和谐，有百害而无一利。持求和之策，敌人就会得寸进尺，就会以和要挟，而国家不敢采取行动，等到敌人积蓄力量又会大举入侵。所以他要人们爱憎分明，疾恶如仇，有与邪恶做斗争的勇气。

八、利物足以和义

原典

“利者，义之和”，和合于义即利也。利物足以和义，盖义者得宜之谓也。处得其宜，不逆于物，即所谓利。利则义之行，岂不足以和义乎？（《朱文公文集》卷第三十九）

“利物足以和义”者，使物物各得其利，则义无不和。盖义是断制裁割底物，若似不和。然惟义能使事物各得其宜，不相妨害，自无乖戾，而各得其分之和，所以为义之和也。苏氏说“利者，义之和”，却说义惨杀而不和，不可徒义，须着些利则和。如此，则义是一物，利又是一物；义是苦物，恐人嫌，须着些利令甜。此不知义之言也。义中自有利，使人而皆义，则不遗其亲，不后其君，自无不利，非和而何？（《朱子语类》卷第六十八）

翻译

和谐是世界万物存在的根据和发展的动因。要得到利益，就要讲求与道义的统一，统一于道义就会得到利益。君子利益万物，使万物各得其宜，就足以得到利益，大概道义就是各得其宜的意思。处置得恰到好处，不违背万物生长的规律，即所谓利益。利益又是道义的实施，难道不足以统一于道义吗？

利益万物足以统一于道义，是使万物各得其利益，那么道义无不和谐统一。大概道义是断义裁割的东西，看似不和谐、不统一。然而道义能使事物各得其宜，不会相互妨害，自然不会显得古怪而不合情理，而获得遵循其本分的和谐统一，所以这是道义的和谐之处。苏轼说利益是道义的统一体，却说道义之间惨杀而不和谐，不可只讲道义，必须带些利益才会和谐。如果这样，那么道义是一个东西，利益又是一个东西；道义是苦的东西，恐怕讨人嫌，必须带些利益让它甜点。这是不了解道义的本质内涵啊。道义中自然有利益，如果能让人都有道义，那么人就不会抛弃他的父母，就不会怠慢他的君主，自然无往而不利，这不是和谐是什么？

解析

道义就是合宜地行事，它是立身处世与国家富强的根本原则。道义的和谐是指把利益放在合宜的地位，不是简单以道义限制利益，而是具有自动协调社会各阶层之间矛盾和利益的深刻内涵。义与利的关系问题是价值观的核心，最能反映每个人的道德修养。儒家推崇道义论，孔子反对“不义而富且贵”，要求“见利思义”，“义而后取”。后世有些学者各持一端，把义利的对立推向了极端。朱子认为，义利之说乃儒者第一义。他认为读书人不择手段追求名利的现象很不好，应当分别其公私义利之所在而决定取舍。儒家大同理想就在于天下为公。按照《大学》的次第好好学习，加强修养，以便在公私义利之间做出正确的选择。正人君子把公义放在首位，目光浅短的小人斤斤计较个人的私利。古代的儒家并不反对利，义与利既有矛盾的一面，又有统一的一面。对个人追求合乎其分其宜的物质利益是“和义”。利是合理和谐地协作与融合，义之和是指把利放在和谐合宜的地位，不是简单以义制利，而是具有自动协调社会各阶层之间矛盾和利益的深刻内涵。君子利益万物，使物各得其宜，足以和合于义，法天之利，顺和物性，各得其宜，自然无所不利。[①] 在“私利”与“公义”发生矛盾时则应当提倡公而忘私，局部利益服从整体利益。追求个人正当利益，内心是和谐的；牺牲私利服从公义内心也是和谐的。因此古人把杀身成仁、舍生取义的人作为英雄，这些英雄内心当然都是高尚和谐的，不然就不会临死不屈、前赴后继、视死如归了。

九、保合太和

 **原典**

“仁者，爱之理”，是将仁来分作四段看。仁便是“爱之理”，至于爱人爱物，皆是此理。义便是宜之理，礼便是恭敬之理，智便是分别是非之理。理

① 兰宗荣：《朱子商道及其对闽商的影响》，《福建江夏学院学报》2018年第3期，第69页。

不可见，因其爱与宜，恭敬与是非，而知有仁义礼智之理在其中，乃所谓“心之德”，乃是仁能包四者，便是流行处，所谓“保合太和”是也。仁是个生理，若是不仁，便死了。人未尝不仁，只是为私欲所昏，才“克己复礼”，仁依旧在。（《朱子语类》卷第二十）

翻译

仁是爱的道理，是将仁分作四段来看。仁便是爱的道理，至于爱人爱物，都是此理在发挥作用。义便是适宜的道理，礼便是恭敬的道理，智便是区分是非的道理。道理肉眼不可看见，只因为有了爱与适宜、恭敬与是非，才会使人明白有仁、义、礼、智的道理在里面，就是所谓的“心的德性”，就是指仁能涵盖四个方面，便是天理流行的地方，就是所谓“保合太和”。仁是使万物生长的道理，如果不仁，便死了。人类不是不仁，只是被私欲所迷惑，只要“克己复礼”，仁依旧在心中。

解析

朱子把仁作为心之德，仁能生物，只要克尽私欲，恢复天理，仁依旧在。人的仁心能参天地，赞化育，天地感其仁而万物化生。保合太和是天人之间永久和谐关系的一种状态。“保合太和乃利贞”是《周易》最重要的哲学思想。所谓“保合太和”是指万物常存常和，始得利而贞正。中国哲学重和而不重争，重合而不重分，在《周易》里有集中体现，认为万物始于睽而终于和，虽有分而终于合，因其保合太和，故能生生不已、恒久常新。《周易》的易学原理可以说是一种和谐哲学。

综上所述，自人类社会产生以来，对和谐社会的追求就成为一种重要的价值取向。朱子认为要实现和谐，就个人而言，必须平时注意修心养性，以诚意正心修身，以达到致中和的境界。治家则要以孝悌精神和谐双亲和兄弟姐妹，家庭和谐了，扩而大之，就会实现社会和谐、国家和谐；而夫妻和谐又是家庭和谐的基础。在待人接物上要懂得容纳不同的观点，要做“和而不同”的君子，而不是毫无原则、不辨是非曲直“苟同”的小人。在处理事情上要“利物足以和义”，讲求与道义的统一；在处理人与人的关系时则要采取“礼之用，和为贵”，对他人要常怀敬畏之心，不断用礼法来约束自己。对国家而言则要“协和万邦”，形成一个没有战乱纷争的世界。最后以“保合太和”天下归仁为指向，构筑一个大同社会的理想。社会主义社会和谐价值观是古今中外和谐观的传承与升华，和谐也是当今中国特色社会主义的本质属性。我们要构建的和谐社会是民主法治、公平正义、诚信友爱、充满活力、安定有序、人与自然和谐相处的社会。它是民主与法治的统一，是公平与效率的统一，是人与自然的统一，也是活力与秩序的统一。和谐社会要建立协调社会矛盾的各种机制，整合社会管理资源，建立新的社会治理机制，维护社会稳定；和谐社会要严格遵循科学发展观的要求，建设资源节约型、环境友好型社会，统筹人与自然的关系，促进可持续发展。和谐的中国，秉持世界持久的和平理想，心系人类繁荣的共同命运，担当永续发展的历史责任。

社会篇

本篇对照社会主义核心价值观之社会层面要求——自由、平等、公正、法治，对朱子文化中的自由思想、平等思想、公正思想、法治思想进行发掘、整理、释义和解读，以期为读者更为深入系统了解朱子文化提供资料参考和思路指引。

自由是社会主义核心价值观的核心概念，也是全人类共同价值的重要理念。大体说来，朱子所理解的自由主要包括三个方面：一是注重精神自由。无论是朱子关于“志”与“气”的论述，还是对“孔颜乐处”和“曾点气象”的阐发，都表现出他首先注重的是精神自由，而绝非对现实物质功利的享有。二是追求圣人境界。朱子和其他理学家一样，都以圣人气象、圣人境界为人生的最高理想。三是强调修养工夫。朱子所追求的自由是“心与理一”的境界，实现这一点就要注重道德修养，努力消除一切私心私欲。这就是朱子特别强调修养工夫的原因所在。

平等是社会主义核心价值观的重要内容。朱子《中庸章句》对“天命之谓性，率性之谓道，修道之谓教”“与天地参”“赞天地之化育”的诠释，强调人与物有着共同的“天命之性”，同时又有各自不同的“道”，要求依据各自不同的“道”对人与物做出不同品级的节制和约束，以实现人与天地自然万物的和谐，蕴含着人与自然万物相互平等的道理。其一，人与物的平等，由儒家先贤的强调人的重要理论发展到朱子的人与万物平等理论。其二，人之性、物之性本原相同，但气禀有异，是有差等的平等。其三，人之道与物之道本质上为同一天理，形式上各有不同。

公正即社会公平和正义，它以人的解放、人的自由平等权利的获得为前提，是国家、社会应然的根本价值理念。朱子继承并发展了先哲的思想，详细论述了“公”和“正”的内在机理和相互关系，形成了独特的公正观。朱子公正观主要包括四个方面：一是天下为公。朱子认为，仁者之所以不忧，其根本原因在于仁者有一颗天下为公的心，只要忠于自己的本心本性，自然就能体现并顺应天理之公，就能“维天之命，于穆不已”，就能“乾道变化，各正性命”了。二是廓然大公。朱子认为这种廓然大公的胸怀来自天理之公。人心本就是廓然大公的，人之所以变得自私狭隘是因为这廓然大公之心被私欲遮蔽了。三是公体正用。朱子认为，公自是公，正自是正，公是从心上说，是体，正是从事上说，是用，这两者缺一不可、体用一如。四是格正君心，只有君心正，官心才正，民心才正，也才能构建一个公正而和谐的社会。

法治是社会主义核心价值观的重要内容，是治国理政的基本方式。朱子法治观主要体现在四个方面：一是德法兼施。朱子认为，法律虽然可以使民众惧怕而不敢违法，但是因为为恶的念头并没有去除，因此也就不能从根本上移风易俗，实现政清人和的社会理想。二是融情于法。朱子一方面继承了孔子和二程的思想，认为“先王制礼，本缘人情”(《朱文公文集》卷第三十六)，另一方面他又依法办事，不徇私情。朱子的情法思想，可谓融情于法、情法兼顾。

三是严本宽济。朱子认为用法令刑罚来治理社会应当以严为本、以宽济之。只有宽严相济，才能既使有罪者受到法律的严惩，又能避免无辜者被滥用刑罚。

四是儆戒无虞。朱子强调为政必须确立法律纲纪，令行禁止，谨身奉法，不作非违，不犯刑宪，惩罚一切违法乱纪者，使之不能逍遥法外，这样才能为社会的正常运转免去后患。

需要进一步指出的是，朱子思想本是一个有机整体，虽然我们是按章节分别展现朱子的自由观、平等观、公正观、法治观，但是对它们的理解不能片面、孤立，而必须秉持总体性思维，从全面、联系的角度去理解和把握。

自由

——胸中泰然，岂有不乐

“自”和“由”两字在甲骨文中就已存在。一般认为，从东汉时代起，中文里就有自由这个词语了，如东汉儒家学者郑玄和赵岐都曾提到“自由”这一词语。“自由”最初出现在中文里，基本含义就是行为举止上的“自己做主”。哲学史上关于“什么是自由”存在着多种看法。朱子自由观散见于朱子生平著作之中，他直接论述自由问题的有关表述相对较少，据粗略统计，共有10处。朱子所理解的自由，主要是指身心精神不受约束的自由，是指生命体验达到天人合一、“心与理一”的境界之后的一种自由和快乐，也就是孔颜乐处、曾点气象。朱子自由观具有丰富的理论意蕴、实践价值和当代意义。基于新时代背景对朱子自由观进行现代性解读，无论是对于推动朱子文化创造性转化和创新性发展，还是深化对社会主义核心价值观之自由理念的理解，都具有较强的理论价值和实践意义。对于朱子自由观的理解，需要通过追根溯源的方式查阅原典，但不能止步于“寻章摘句”式的字义解读。“返本”是为了“开新”，对于朱子自由观的解析，需要以马克思主义为指导，立足当代中国现实背景，把握其精神实质尤其是对当代人发展的积极意义。概括起来，朱子自由观至少包括以下三个基本向度。

一、注重精神自由

无论是朱子关于志与气的论述，还是对孔颜乐处和曾点气象的阐发，抑或论及寿仪、法制、诗歌时的相关表述，其中蕴含的自由观都表现出注重精神自由的意蕴。其中最经典也是最直接的表述莫过于朱子的诗句——“三山虽好在，惜取自由身”，非常强烈地表达了朱子内心对自由尤其是精神自由的向往和追求。比较而言，朱子自由观注重的首先是精神自由，而绝非对现实物质功利的享有。

原典

只怕志不立，若能立志，气自由我使。（《朱子语类》卷第二十六）

程子谓将这身来放在万物中一例看，大小快活，又谓人于天地间并无窒碍，大小大快活。此便是颜子乐处。这道理在天地间，须是直穷到底，至纤至悉，十分透彻，无有不尽，则于万物为一无所窒碍，胸中泰然，岂有不乐？（《朱子语类》卷第三十一）

其书甚妙，考订得子细，大胜《诗记》。此书得自由，《诗》被古说压了。（《朱子语类》卷第一百二十二）

三山虽好在，惜取自由身。（《朱文公文集》卷第二）

翻译

只是担心志之不立，如果能立志，气自然会由我使用。

程子说将自身当成万物中的一例看，也是很快乐的。人在天地间生活，没有一丝因窒碍而不通的地方，该是多么快活的事啊！这便是颜回所快乐的。这个道理存在于天地之间，而且非常透彻、没有穷尽，而且对于外物而言没有阻碍，使人胸中泰然，怎么可能不欢乐呢？

这本书（指吕伯恭《大事记》）非常精妙，考订得很仔细，比《诗记》好很多。这本书能自主阐发，《诗记》受古人的限制和拘束。

三山虽然很好，但是我更爱惜自己的自由之身。

解析

在朱子看来，自由意味着追求“心与理一”的境界。一个人一旦达到这样的境界，便能“胸中廓然”，就不会过多地考虑和计较现实中尤其是物质方面的利害得失，由此而能自然无忧、自无烦恼、自得其乐。进一步讲，有了这种境界，就可以从容自如地应对一切复杂繁难的事物，在现实生活中能够“从心所欲不逾矩”。追求精神自由同时意味着不会“为外物所累”，用朱子的话说,“颜子之贫如此,而处之泰然,不以害其乐”,“不改其乐”“不害其乐”,都是针对贫贱而言的。这说明,人生快乐不快乐,与富贵贫贱没有关系,不能从富贵贫贱中得出乐与不乐的结论。需要注意的是,朱子并不认同佛教“自由”,虽然同样追求“不为物累”,但是他反对抛弃万物的“自由自在”或“往来自由”。脱离万物,再反观万物、融于万物,才是朱子所追求的自由之真谛。

朱子注重精神自由,主要强调的是精神追求、人生境界、处世态度等内在因素,凸显的是人自身对自由应有的认识和态度。对此,不能做过度化解读。这里有两类关于自由的错误性认识需要注意:一种是宿命论,即倡导消极地顺应自然,抹杀人类自由的可能性;另一种是唯意志论,即强调人的意志或精神力量绝对自由,否定客观必然性,片面强调主体的毫无节制。按照马克思主义的观点,自由是表示人的活动状态的范畴,是指人在活动中通过认识和利用必然所表现出的一种自觉自主状态。毛泽东同志说过:“自由是对必然的认识和对客观世界的改造。”①人不能摆脱必然性的制约,只有在认识必然性的基础上才有自由的活动,这就是人的自由限度,也是自由和必然的辩证规律。必然性即规律性,指的是不依赖于人的意识而存在的自然和社会发展所固有的客观规律。需要注意的是,任性不是自由,无知不能获得自由。自由是有条件的。一是认识条件,即要有对客观事物的正确认识,最主要的是对客观事物运动发展规律性、必然性的正确认识。二是实践条件,即能够将获得的规律性认识运用于指导实践,实现改造世界的目的,才是真正的自由。恩格斯说过:“自由不在于幻想中摆脱自然规律而独立,而在于认识这些规律,从而能够有计划地使自然规律为一定的目的服务……自由就在于根据对自然界的必然性的认识来支配我们自己和外部自然。”②按照马克思主义的观点,自由及其实现至少具有三重含义:其一,人与自然关系中的自由。在人与自然关系中实现自由,要尊重和把握自然规律,实现

① 毛泽东:《毛泽东文集》(第八卷),人民出版社1999年版,第306页。

② 马克思、恩格斯:《马克思恩格斯选集》第三卷,人民出版社2012年版,第491492页。

人与自然和谐统一。其二，人与社会关系中的自由。在人与社会的关系中实现自由，要把握社会规律，以真理为根据，以最广大人民的需要和利益为根本，实现人与社会和谐统一。其三，人与自身关系中的自由。在人与自身关系中实现自由，要自觉摆脱人的自我束缚，追求更高境界的精神解放，实现身心和谐统一。①

朱子诗云："春服初成丽景迟，步随流水玩晴漪。微吟缓节归来晚，一任轻风拂面吹。"（《朱文公文集》卷第二）这为我们展现了朱子对精神自由的孜孜追求。现实中，朱子虽然历经坎坷，但是始终坚持对天理的追求，坚持克服私欲，努力让自已达致"心与理一"的自由境界。作为当代大学生，我们要努力成为具有精神自由意识的时代青年，明理崇德、志存高远，不断增强自身的骨气、志气、底气，堪当民族复兴重任。

二、追求圣人境界

朱子和其他理学家一样，都以圣人气象、圣人境界为人生的最高理想。就此意义而言，朱子对自由的向往表征着对圣人境界的追求。其所谓圣人境界，就是天人合一境界，用理学的语言表示，就是"心与理一"的境界。"孔颜乐处"和"曾点气象"生动展现了朱子对圣人境界的追求。

原典

惟是私欲既去，天理流行，动静语默日用之间无非天理，胸中廓然，岂不可乐?"此与贫窭自不相干，故不以此而害其乐。（《朱子语类》卷第三十一）

今礼亦不似古人完具，且只得自存个规矩，收敛身心。古人终日只在礼中，欲少自由，亦不可得。又曰诗犹有言语可讽诵，至于礼，只得夹定做去。（《朱子语类》卷第三十五）

否，然也有行不得处，如作州则可以不受，盖可以自由。若有监司所在，只得按例与之受；盖他生日时，又用还他。（《朱子语类》卷第八十七）

① 本书编写组：《马克思主义基本原理》，高等教育出版社2021年版。

翻译

只是私欲全部袪除，天理流行，日常行动、言语、生活间都有天理所在，胸中廓然，哪有不欢乐？这种欢乐（即"颜子之乐"）与贫穷不相干，所以贫穷妨碍不了这种欢乐。

现在（指朱子生活的时代）的礼不像古时那么完备具体，而且只是自己存个规矩，收敛身心。古人日常生活中充满礼仪、礼节、规矩，希望得到规矩以外的少许自由，也是不可多得的。而且，诗还可以通过言语诵读，礼只能是去做。

在官所，不受人寿仪。但是，也有不得已的时候，如果自己知州，则可以不受人寿仪，可以自由处理。如果有监察州县之权的地方长官，只能是按照惯例接受，等他生日时，再用寿仪回敬他。

解析

在朱子看来，乐是针对君子人格而言的。这种君子人格具有一种内在美，本质上是美善合一的境界。对于"孔颜乐处"，朱子说："颜子之贫如此，而处之泰然，不以害其乐，故夫子再言'贤哉回也'，以深叹美之。"他还引用程子的评价，即"颜子之乐，非乐箪瓢陋巷也，不以贫窭累其心而改其所乐也，故夫子称其贤"。而且，朱子认为"程子之言，引而不发，盖欲学者深思而自得之"，所以他"亦不敢妄为之说"。（《论语集注 · 雍也第六》）虽然朱子没有"接着说"，但是却为我们指出了方向，即"深思而自得"，告诉我们领会"孔颜乐处"需要注重自身的体会。在朱子看来，富贵贫贱之所以不能成为乐的根源，就在于对于人生的意义和价值而言，其只停留在欲望和功利的层面，而欲望的追求对人是一种极大的约束，使人不能得到自由，不能得到精神的解放。因此，只要除去私欲，便是"天理流行"，便能"胸中廓然"，自然能够乐了。乐就是自由境界。按照朱子的观点，所谓"天理流行"就是指克去私欲之后"心与理一"的天人合一境界。生生之理既在天地之间流行，也在吾心之中流行，吾心之流行即是天地之流行。心中有一个生生不穷的意象世界，这个意象世界具有生命意义，它与真实的自然界是合一的。人的心胸是完全敞开的，因此是自由的，所谓“胸次悠然，直与天地万物上下同流”，就是形容这种自由境界的，从容自在，毫无拘迫，故能乐在其中。

那么，如何看待“曾点气象”呢？在朱子看来，“曾点气象”之所引起孔子的赞赏并为后儒所乐道，其根本原因在于曾点能做到“胸次悠然，直与天地万物上下同流，各得其所之妙，隐然自见于言外”。与天地万物同流，是生命的敞开，也是生命的自由，所以能悠然自得，无所不乐。“各得其所”就是万物都能得到各自的需要，自由自在地生活。“天地万物本吾一体”，万物能各得其所，吾人之生命便得以畅遂，有悠然自得之乐。这是一种很高的境界，朱子用“胸次”“襟怀”“气象”“悠然”“意思”等词形容这种境界，说明这是一种飘逸洒落、超然物外、非语言所能表达的生命体验。在朱子看来，“所谓洒落，只是形容一个不疑所行、清明高远之意，若有一豪私吝心则何处更有此等气象邪？只如此看有道者胸怀表里亦自可见，若更讨落着，则非言语所及，在人自见得如何？如曾点舍瑟之对，亦何尝说破，落着在甚处邪？”（《朱文公文集》卷第三十一）因此，“曾点气象”的真意在于“天理流行”之乐，体现在日常生活之中，但是又能以一种超然的心态去看这些事物，而不是陷进欲望事功之中。正是在这个意义上，朱子认为“曾点之志，如凤凰翔于千仞之上”，可以自由翱翔，“故其言超然，无一毫作为之意，唯欲乐其所乐，以终身焉耳”。这说明，“吾与点也”之乐是自由的、超功利的，是人与大自然融为一体的审美境界。“乐其所乐”就是以心中自有之乐为乐，没有任何计较和打算，不是为了别的目的，乐就是目的本身，这就是人生的目的。这是一种自然流出，是“天生自然，不待安排”，无窒碍，无拘滞，自由自在，悠然自得，有一种由衷的快意。

朱子说过：“圣人见老者合安，便安之；朋友合信，便信之；少者合怀，便怀之。惟曾点是见得到这里，圣人做得到这里。”（《朱子语类》卷第四十）从某种意义上讲，朱子“曾点气象”论倡导的“洒落”境界正是一种自由境界：一是“洒落”境界包含“万物一体”自由境界，实现了“无所求”的超越性；二是德性的圆满实现了“有所为”的超越性，这两者是自由境界的题中之意。在朱子看来，这种人生境界既有对仁者境界的追求，更有对心灵自由境界的思考，它是内在而超越的，而其核心可以说是始终对人生境界的关注。人生境界内含着实现人生命的超越与升华，与审美相通，也是一种美的境界。作为新时代大学生，自当志存高远，积极追求圣人境界，努力克除私欲，牢记国之大者，胸怀人类发展，做社会主义核心价值观的坚定信仰者、模范践行者、积极传播者。

三、强调修养工夫

朱子所追求的自由是“心与理一”的境界，即心中之理与事物之理真正实现统一而无任何间隔。实现了这一点，就能够“如其说是”地看待一切事物、处理一切事物，赋予事物以意义。这意义既是主观的又是客观的，是主客观的统一。而要实现这一点，就要注重道德修养，努力消除一切私心私欲。这就是朱子特别强调修养工夫的原因所在。

原典

故今日临欲过宫而复辍者，陛下未必不曰：“身为万乘之主，乃不得一事自由乎？”（《朱文公文集》卷第十二）

曾点之学，盖有以见夫人欲尽处，天理流行，随处充满，无少欠阙，故其动静之际，从容如此。而其言志，则又不过即其所居之位，乐其日用之常，初无舍己为人之意。而其胸次悠然，直与天地万物上下同流，各得其所之妙，隐然自见于言外。（《论语集注·先进第十一》）

雅云：“释氏欲驱除物累，至不分善恶，皆欲扫尽。云凡圣情尽，即如知佛，然后来往自由。吾道却只要扫去邪见。邪见既去，无非是处，故生不为物累，而死亦然。”曰：“圣人不说死，已死了，更说甚事？圣人只说既生之后未死之前，须是与他精细理会道理教是。”（《朱子语类》卷第一百二十六）

翻译

因此今日想前往后宫又中途停止，皇帝也会感慨：“身为一国之君，贵为皇帝，却连一件自由事也没有。”

曾点之所以能持有这样的观点，是因为他感受到摆脱人欲困扰之后，天理随处充满而没有欠缺的流行境界。所以他无论处于动还是静的状态，都能够从容洒落。而曾点所表达的理想境界在于享受日常的状态，并没有舍己为人这样勉强的刻意。在他的心中，摆脱人欲之后，一切都很自然甚至悠然，因为他能够感受到天地万物流行演化，知道万物各自的妙处，这种感受是不能用言语来表达的。

余大雅说：“释氏（指佛教）为了摆脱物的奴役，以至于不分善恶，全部扫除干净。认为只有圣情皆尽，才能达到知佛的境界，从而实现自由状态。我们（指儒家）的方式是只需要将邪恶一面祛除，邪恶之念祛除后，就没有滋生是非的土壤，所以生活也就不会为物所奴役，而且死了也是如此。”朱子说：“圣人不说死，如果已经死了，那还是什么事好说的呢？圣人只说出生之后死亡之前，必须与之精细讲解道理。”

解析

无论是“孔颜乐处”，还是“吾与点也”，朱子都不是将孔子、颜子和曾点作为单纯的认识对象去描述，甚至不是作为历史上的人格对象去说明，而是作为人格典范，从自家心灵深处去体会，并且要“着实做将去”，在生活实践中去体验，这样才能实现真正的自由。朱子说“不要去孔颜身上问，只去自家身上讨”，就是要除去私欲，放开心胸，完成自己的人格。如果出于私欲，无论富贵还是贫贱，都受其限制，不能自由，不能乐。在朱子看来，要达到这样的境界，绝不是轻易的。这不仅需要向往自由、追求圣人境界的主体性精神，还需要有一套切实的修养工夫，以去掉形体之蔽，克服有我之私，真正实现“无我”状态。

朱子说：“所谓致知在格物者，言欲致吾之知，在即物而穷其理也。盖人心之灵，莫不有知，而天下之物，莫不有理。惟于理有未穷，故其知有不尽也。是以《大学》始教，必使学者即凡以天下之物，莫不因其已知之理而益穷之，以求至乎其极。至于用力之久，而一旦豁然贯通焉，则众物之表里精细无不到，而吾心之全体大用无不明矣。此谓物格，此谓知之至也。”（《大学章句》)按照朱子的说法,只要做好格物的工作,不断认识更多的“理”,人的内心就会愈发明了、清澈、自由。朱子认为“曾点气象”表征了一种“洒落”的境界,这种境界是“敬畏”工夫之后的境界,包含了“万物一体”的自由和德性的圆满两个层面,因而又与佛老的“空无”境界不同。朱子“曾点气象”论中“主敬涵养”作为一种道德心性修养,与孟子提出的“反身而诚,乐莫大焉”相通,都在通往“诚”(在朱子看来,“诚”就是本体的象征)的路径中,升华为一种内在的审美体验。在朱子看来,“洒落”非玄远高缈之旷荡境界,也并非“纵情恣意”“疏略放肆”之境界。其精要在于人不被私欲牵累、内心无所介入却能够“自得”。而人本应是与天理相通的,天理内在于人心就是要实现人内心的昭昭之明、朗然之觉。所以人要戒慎主敬,不能使内心流于昏昧不觉、懈怠放逸的状态,不能“流于非僻邪妄而失其本体之正耳”。而这种戒慎戒恐,常处于“畏”的状态下,也正是主敬涵养的工夫所在。因此“洒落”境界不是为“敬畏”所牵绊的,相反只有敬畏工夫到后,主体才能真正实现内心无所牵扰、无所滞碍、无私欲萌发、无所不安。

按照朱子的观点,修养工夫首先是主体内在道德心性的修养。只有通过修养工夫,将尊德性与道问学有机结合起来,人才能超越物质名利带来的精神上的束缚,不断提升自身人生境界,推动精神不断向上超拔,从而实现诗性智慧的高尚人格,实现精神自由而充足的理想的人生境界。这一定程度上为解决当代人的精神困境,实现自由圆满的人格境界提供了一种思想资源。作为新时代大学生,自当注重修身养性,明大德、守公德、严私德,注重在事上磨炼自己,涵养求索、致知力行,努力成为堪当民族复兴重任的时代新人。

朱子强调只要扫去乖谬不合理的见解,明白天理,就能够精神不受约束,无论活着还是离世都不会为物所累,这种无拘无束的自由如同庄子所说的天地与我并生、万物与我为一,进入一种逍遥的境界。这无疑是快乐且诱人的。需要进一步指出的是,自由不仅是朱子哲学思想的重要内容,也是社会主义核心价值观的重要内容,还是全人类共同价值理念的重要内容。所以，作为新时代大学生，要正确认识朱子自由观，深刻领会其精神实质和当代价值，正确认识自由在社会主义核心价值观中的地位和作用，树立正确的自由观——中国特色社会主义自由观。中国特色社会主义自由观应该是以马克思主义为基础，又积极吸收古今中外自由观念的积极成果，其基本内涵不是“任性”，不是“放任”，不是“放纵”，也不仅仅是法律意义上的那种消极的自由权，而是以认识必然性为基础并把“消极自由”作为自己的必要环节加以扬弃的“积极自由”。

平等

——天地化育，万物为一

平等是社会主义核心价值观的基本内容，在马克思主义价值观中亦处于核心地位。平等是指社会主体在社会关系、社会生活中处于同等的地位，具有相同的发展机会，享有同等的权利，包括权利平等、机会平等和人格平等。平等既是衡量社会进步的尺度，又是一个社会在形式上所要追求的价值、原则和道德理想。人和人之间的平等，不是指人之差异所致的“相等”或“平均”，而是在精神上互相理解、互相尊重的不区别对待的平等享有的社会权利与义务。

平等是人类最原初的向往与追求，是法治的古老规训，它与法的民主、自由、公平、正义、人权等价值交织，同时又有自身的独立价值，在推动社会进步中发挥着至关重要的价值导向作用。平等是一个具有多种不同含义的概念，基本含义为“同等情况同等对待”。习近平总书记高度重视平等价值，将公平正义定位为社会主义法治的价值追求，极大丰富了传统意义上的法律面前人人平等的内涵。第一，强调法律面前人人平等要体现在法治的全过程。第二，更注重对实质平等的追求。第三，着力解决发展不平衡不充分问题，扎实推进共同富裕。[①]

朱子的平等观主要通过政治经济和教育两个方面实现。第一，政治经济领域的平等。朱子认为，人与人尽管存在各种各样的差别，但应当具有相同的权利价值和尊严，处于相同的社会政治地位。朱子在任同安主簿期间，整饬官场，知南康军、知漳州期间，积极争取政治上的平等，为官一方，便惠

① 江必新：《习近平法治思想对法治基本价值理念的传承与发展》，《政法论坛》2022年第1期，第1634页。

及一方。每个人都有创造物质财富和精神财富的潜在能力,必须清除各种人为的障碍,制止任何人对各种机会的垄断和特权,使人潜能的实现具有同等的机会和环境。比如朱子在同安县任职期间,清查版籍田税,欲行经界之法,而后又整顿税收,惩治吏奸,并且反对土地兼并,恢复井田制。第二,教育领域的平等。朱子主张,人们有同等的受教育的权利,有平等读书的资格,有平等进仕的机会。朱子曾经整顿县学,颁布谕学者、谕诸生、谕诸职事等,并从二十四岁起,就积极编修讲问之法,兴修、整饬书院,广收门徒,传播理学知识,追求教育平等。

一、平等概念的来源

原典

天命之谓性,率性之谓道,修道之谓教。命,犹令也。性,即理也。天以阴阳五行化生万物,气以成形,而理亦赋焉,犹命令也。于是人物之生,因各得其所赋之理,以为健顺五常之德,所谓性也。率,循也。道,犹路也。人物各循其性之自然,则其日用事物之间,莫不各有当行之路,是则所谓道也。修,品节之也。性道虽同,而气禀或异,故不能无过不及之差。圣人因人物之所当行者而品节之,以为法于天下,则谓之教,若礼、乐、刑、政之属是也。盖人之所以为人,道之所以为道,圣人之所以为教,原其所自,无一不本于天而备于我。(《中庸章句》)

翻译

上天赋予人和物的根本,叫作"性";在人即人性,在物即物性。遵循本性自然的规律,叫作"道"。修养人性自然的法规,叫作"教"。命,就像是上天下的命令一样不可违背。性,就是天所赋予人的东西,就是理。天以阴阳五行的方式化生孕育万事万物,一旦由气化生为具体的形状形态,理就随即而赋予其中,就像是命令一样。那么人类和万物的化生,就遵循着天所赋予人类和万物的理,有了健顺五常的品德,这就是天性。率就是遵循沿袭的意思。道，就是路的意思。人类和万物各自遵循着天性的自然状态，那么日用事物之间，就无一不有当行之路，这就是所说的道。修，就是所说的品格和气节。天性与道虽然相同，但是气禀却有差异，所以不能一视同仁，用一个标准责备做过了头或者做得不够的差别。圣人根据人类和万物的本性而区别品节，并把这个标准用于天下之法，这就是教化，比如礼、乐、刑、政就是这一类。大概人之所以为人，道之所以为道，圣人之所以为教，都是从这里而来，没有一个不是源自天而成就于我的。

解析

朱子对“天命之谓性，率性之谓道，修道之谓教”“与天地参”“赞天地之化育”的诠释，强调人与物有着共同的“天命之性”，同时又有各自不同的“道”，要求依据各自不同的“道”对人与物做出不同品级的节制和约束，以实现人与天地自然万物的和谐，蕴含着人与自然万物相互平等的道理。

朱子的这种万物平等思想，与今天所倡导的社会主义核心价值观有一定的渊源关系，具体体现在以下几个方面。

（一）人与物的平等，由儒家先贤的强调人的重要理论到朱子的人与万物平等理论

对于《中庸》所言“天命之谓性，率性之谓道，修道之谓教”，唐孔颖达疏曰：“‘天命之谓性’者，天本无体，亦无言语之命，但人感自然而生，有贤愚吉凶，若天之付命遣使之然，故云‘天命’……但人自然感生，有刚柔好恶，或仁、或义、或礼、或知、或信，是天性自然，故云‘谓之性’。‘率性之谓道’，率，循也；道者，通物之名。言依循性之所感而行，不令违越，是之曰‘道’。感仁行仁，感义行义之属，不失其常，合于道理，使得通达，是‘率性之谓道’。‘修道之谓教’，谓人君在上修行此道以教于下，是‘修道之谓教’也。”在孔颖达看来，《中庸》讲“性”“道”“教”，只是就人而言的；讲人之性源于天，循性而有人道，修行此道而得以教化。朱子《中庸章句》对于《中庸》所言“性”“道”“教”的诠释，则从人与物统一的层面展开，指出性即理也。相比于孔颖达，朱子的诠释最大的不同在于,前者仅就人而言,后者则将人与物统一起来,具体有以下三个方面的阐述:第一,认为人与物都得自天所赋的共同之理,而具有共同的“天命之性”;第二,认为人与物“各循其性之自然”而有各自的当行之道;第三,认为“修道”在于依据人与物各自不同的“道”对人与物做出不同品级的节制和约束。

(二)人之性与物之性本原相同,但气禀有异,是有差等的平等

朱子从人与物统一的层面诠释《中庸》所言“性”“道”“教”源自二程。二程说:“‘天命之谓性,率性之谓道’者,天降是于下,万物流行,各正性命者,是所谓性也。循其性而不失,是所谓道也。此亦通人、物而言。……人在天地之间,与万物同流,天几时分别出是人是物?”二程认为《中庸》讲“天命之谓性,率性之谓道”,是“通人、物而言”。继承二程的思想,朱子也认为“天命之谓性,率性之谓道”是通人、物而言;并认为,人与物都有来自天之所赋的、共同的“天命之性”。他说:“性字通人、物而言。但人、物气禀有异,不可道物无此理。”朱子还说:“性善只一般,但人、物气禀有异,不可道物无此理。……仁义礼智,物岂不有,但偏耳。”(《朱子语类》卷第六十二)明确认为,自然物也有与人一样的仁、义、礼、智、信之性,所谓“做人做物,已具是四者,虽寻常昆虫之类皆有之”(《朱子语类》卷第四)。朱子甚至还认为,不仅牛马、昆虫之类有性,草木以及无生命之物也有性。他说:“物物皆有性,便皆有其理。……花瓶便有花瓶底道理,书灯便有书灯底道理。水之润下,火之炎上,金之从革,木之曲直,土之稼穑,一一都有性,都有理。”(《朱子语类》卷第九十七)“问:‘枯槁之物亦有性,是如何?’曰:‘是他合下有此理,故云天下无性外之物。……阶砖便有砖之理。……竹椅便有竹椅之理。枯槁之物,谓之无生意,则可;谓之无生理,则不可。如朽木无所用,止可付之爨灶,是无生意矣。然烧甚么木,则是甚么气,亦各不同,这是理元如此。’”(《朱子语类》卷第四)朱子还说:“天下无无性之物。除是无物,方无此性,若有此物,即如来喻木烧为灰,人阴为土,亦有此灰土之气。既有灰土之气,即有灰土之性,安得谓枯槁无性也?”(《朱文公文集》卷第五十八)朱子《中庸章句》

特别讲"健顺五常之德，所谓性也"，不仅把仁、义、礼、智、信"五常"看作"性"，而且增加了"健""顺"。关于以"健顺五常"言物之性，朱子说："且如狗子，会咬人底，便是禀得那健底性；不咬人底，是禀得那顺底性。又如草木，直底硬底，是禀得刚底；软底弱底，是禀得那顺底。"(《朱子语类》卷第十七)"如牛之性顺，马之性健，即健顺之性。虎狼之仁，蝼蚁之义，即五常之性。但只禀得来少，不似人禀得来全耳。"(《朱子语类》卷第六十二)

需要指出的是，朱子讲人与物具有共同的"天命之性"，只是就人之性与物之性同出一源而言。朱子讲"性"，不仅讲人与物共同的"天命之性"，还讲人与物有气禀的差异。关于气禀的差异而导致人之性与物之性的不同，朱子《孟子集注·告子章句上》注孟子所谓人之性不同于犬之性、牛之性，曰："性者，人之所得于天之理也；生者，人之所得于天之气也。性，形而上者也；气，形而下者也。人、物之生，莫不有是性，亦莫不有是气。然以气言之，则知觉运动，人与物若不异也，以理言之，则仁义礼智之禀，岂物之所得而全哉？此人之性所以无不善，而为万物之灵也。"朱子认为，人与物由于气禀的不同，所得仁、义、礼、智之性就有全与不全的差别。所以，朱子说："天道流行，发育万物，其所以为造化者，阴阳五行而已。而所谓阴阳五行者，又必有是理而后有是气，及其生物，则又必因是气之聚而后有是形。故人、物之生必得是理，然后有以为健顺仁义礼智之性；必得是气，然后有以为魂魄五脏百骸之身。……然以其理而言之，则万物一原，固无人、物贵贱之殊；以其气而言之，则得其正且通者为人，得其偏且塞者为物，是以或贵或贱而不能齐也。彼贱而为物者，既梏于形气之偏塞，而无以充其本体之全矣。唯人之生乃得其气之正且通者，而其性为最贵。"(《大学章句》)在朱子看来，人所禀之气"正且通"，物所禀之气"偏且塞"，因而造成人之性与物之性的差别，以至于贵贱的差别。另据《朱子语类》卷第四载："或问：'人、物之性一源，何以有异？'曰：'人之性论明暗，物之性只是偏塞。暗者可使之明，已偏塞者不可使之通也。'"朱子认为，人之性只是明与暗的差别，可以由暗使之明；而物之性或偏或塞，"偏塞者不可使之通"。

从以上朱子的万物统一而气禀相异的理论可以看出，在儒家的本体观念中，整个宇宙自然即是万物生生不息的整体，而世界存在的这一本然状态，是由天地之道决定的。天地构成了儒家理解世界具有终极意义的一对既对立又统一的概念，包括人类在内的世界万物都是由天地创生的，天地是世界的本原，使万物得以产生发展的终极根据。在儒家这里，天地本身就是一种等差性的存在。由此可见，对于儒家而言，事物的等差性存在，不仅不构成实现平等的障碍，反而应当作为考量平等的基础。因为脱离事物等差存在这一自然前提，也就不可能做到对事物公平、公正地对待。因而，真正的平等不是抹杀个体差异，追求事物的整齐划一，不是在物质上搞平均主义，而是要依照事物特定的生命需求给予恰如其分的满足。朱子对此解释曰"谓各得其分"。朱子担心的不是一个社会物质不够充分，而是担心有限的资源是否能够根据个体的特定需求和贡献进行合理的分配，从而使每一个体得其所应得，而不是在物质分配上搞平均主义。所以，对于朱子而言，真正的平等应该是一种因人制宜地区别对待的平等。不顾人类等差存在的现实，而强求一律的平等，不是真正的平等。

（三）人之道与物之道本质上是同一天理的平等，形式上却各有不同

朱子认为，《中庸》"率性之谓道"不是人"率性"之后而有道，"率性"并非人为。他指出："性是一个浑沦底物，道是支脉。恁地物，便有恁地道。率人之性，则为人之道，率牛之性，则为牛之道，非谓以人循之。若谓以人循之而后谓之道，则人未循之前，谓之无道，可乎！"（《朱子语类》卷第六十二）"虽鸟兽草木之生，仅得形气之偏，而不能有以通贯乎全体，然其知觉运动，荣悴开落，亦皆循其性而各有自然之理焉。至于虎狼之父子，蜂蚁之君臣，豺獭之报本，雎鸠之有别，则其形气之所偏，又反有以存其义理之所得，尤可以见天命之本然，初无间隔，而所谓道者，亦未尝不在是也。是岂有待于人为，而亦岂人之所得为哉！"（《中庸章句》）在朱子看来，人与物有"性"，就有相应的"道"，而与人为无关。朱子反对把"率性之谓道"的"率性"解说为人循"性"而为，认为"道"并非人为，而且特别强调"率性之谓道"，即"循万物自然之性之谓道"。据《朱子语类》卷第六十二载，安卿问"率性"。曰："率，非人率之

也。伊川解'率'字，亦只训循。……曰：'循牛之性，则不为马之性；循马之性，则不为牛之性。'乃知循性是循其理之自然尔。率，循也。不是人去循之……程子谓：'通人、物而言，马则为马之性，又不做牛底性；牛则为牛之性，又不做马底性。'物物各有个理，即此便是道。"问："'率性之谓道，率，循也。'此'循'字是就道上说，还是就行道人上说？"曰："诸家多作行道人上说，以率性便作修为，非也。率性者，只是说循吾本然之性，便自有许多道理。性是个浑沦底物，道是个性中分派条理。循性之所有，其许多分派条理即道也。"在朱子看来，"道"不是由于人循"性"而成，而是由"性"自然派生出来的；"率性"是指人与物"各循其性之自然""循其理之自然""循吾本然之性"。因此，朱子讲"道即性，性即道"，认为"道"与"性"是同一的。

如前所述，朱子虽然讲人与物有共同的"天命之性"，但又认为，人与物所禀之气的不同而造成人之性与物之性的差别。由于"道"是由"性"自然派生出来的，所以，人与物有其各自不同的"当行之路"，即"道"。这就是朱子《中庸章句》所言："人、物各循其性之自然，则其日用事物之间，莫不各有当行之路，是则所谓道也。"《中庸或问》也说："'率性之谓道'，言循其所得乎天以生者，则事事物物莫不自然，各有当行之路，是则所谓'道'也。"据《朱子语类》卷第六十二载，问："明道曰：'道即性也。若道外寻性，性外寻道，便不是。'如此，即性是自然之理，不容加工。……《中庸》却言'修道之谓教'，如何？"曰："性不容修，修是揠苗。道亦是自然之理，圣人于中为之品节以教人耳，谁能便于道上行！"问题是什么是"品节"？吕大临在解说"修道之谓教"时说："循性而行，无物挠之，虽无不中节者，然人禀于天者，不能无厚薄昏明，则应于物者，亦不能无小过小不及。"朱子《中庸或问》在对"修道之谓教"做进一步解说中指出："修道之谓教，言圣人因是道而品节之，以立法垂训于天下，是则所谓教也。盖天命之性、率性之道，皆理之自然，而人、物之所同得者也。人虽得其形气之正，然其清浊厚薄之禀，亦有不能不异者，是以贤知者或失之过，愚不肖者或不能及，而得于此者，亦或不能无失于彼。是以私意人欲或生其间，而于所谓性者，不免有所昏蔽错杂，而无以全其所受之正；性有不全，则于所谓道者，因亦有所乖戾舛逆，而无以适乎所行之宜。惟圣人之心，清明纯粹，天理浑然，无所亏阙，故能因其道之所在，而为之品节防范，以立教于天下，使夫过不及者，有以取中焉。”在朱子看来，人与物有其各自不同的“道”，圣人能够依据人与物各自不同的“道”对人与物做出不同品级的节制和约束，以立教于天下，这就是《中庸》所谓“修道之谓教”；而之所以只有圣人能够做到，那是因为“圣人之心，清明纯粹，天理浑然，无所亏阙”，能够克服“私意人欲”所造成的“乖戾舛逆”，能够“因其道之所在，而为之品节防范”。由此可见，在朱子那里，“修道之谓教”中的“修道”，不是郑玄、孔颖达的修治或修行“道”，而是指圣人依据“道”对人与物做出不同品级的节制和约束。对此，朱子门人潘柄说：“‘品节之’者，如亲亲之杀，尊贤之等，随其厚薄轻重而为之制，以矫其过不及之偏者也。虽若出于人为，而实原于命性道之自然本有者。”(《中庸章句》)在朱子看来，所谓“修道之谓教”，是指人与物由于气禀的不同而存在着差异，“不免有所昏蔽错杂，而无以全其所受之正”，因此有可能背“道”而行；圣人则依据“道”而对人与物做出不同品级的节制和约束，立礼、乐、刑、政之属，以教化天下。在把“修道之谓教”中的“修”解说为“品节之”的同时，朱子认为，“修道之谓教”也通人、物而言。据《朱子语类》卷第六十二载，问：“‘率性之谓道’，通人、物而言，则‘修道之谓教’，亦通人、物。如‘服牛乘马’，‘不杀胎，不夭夭’，‘斧斤以时入山林’，此是圣人教化不特在人伦上，品节防范而及于物否？”曰：“也是如此，所以谓之‘尽物之性’。但于人较详，于物较略；人上较多，物上较少。”问：“《集解》中以‘天命之谓性，率性之谓道’通人、物而言。‘修道之谓教’，是专就人事上言否？”曰：“道理固是如此。然‘修道之谓教’，就物上亦有个品节。先王所以咸若草木鸟兽，使庶类蕃殖，如《周礼》掌兽、掌山泽各有官，如周公驱虎豹犀象龙蛇，如‘草木零落然后入山林，昆虫未蛰不以火田’之类，各有个品节，使万物各得其所，亦所谓教也。”在朱子看来，“修道之谓教”不只是在伦理道德方面的教化，而且包括在开发和利用自然物方面的品节防范，从而“使万物各得其所”。

二、平等的具体实现途径

朱子的诠释包含了一个重要思想：所谓“天人所为，各自有分”，人应当遵从天理，适应自然，在与自然的互动中，实现人与自然的和谐。特别需要指出的是，朱子的“赞天地之化育”就是对于不同的人，要给予不同的对待，应当“若其性，遂其宜”，也就是要根据人的特殊性，合理地予以对待，而不是外在的强加。这就需要我们人和人之间是有差等的，正因为差等的存在，才需要追求平等。在朱子看来，要使万物各得其所，就必须“因其性而导之”，即根据人的不同物性，顺其性而为，合理地加以分类甄别，让人在社会中承担不同的职责，扮演不同的角色。朱子如何实现这种平等呢？我们可以通过朱子的生平事迹来了解朱子是如何通过差等的互补与协调以达到平等的目的的，下面从其政治、经济和教育上的作为来考察。

（一）通过政治和经济上的作为实现平等

原典

选邑秀民充弟子员，日与讲说圣贤修己治人之道，禁女妇之为僧道者。（《宋史·列传第一百八十八》）

乾道戊子……建人大饥……而隋唐所谓社仓者，亦近古之良法也。（《朱文公文集》卷第七十七）

臣等申府措置，每石量收息米二斗，自后逐年依此敛散。或遇小歉，即蠲其息之半……至今十有四年，其支息米，造成仓敖三间收贮，已将元米陆百石纳还本府……将来依前敛散，更不收息，每石只收耗米三升……一乡四五十里之间，虽遇凶年，人不缺食。（《朱文公文集》卷第十三）

即移书他郡，募米商，蠲其征，及至，则客舟之米已辐凑。熹日钩访民隐，按行境内，单车屏徒从，所至人不及知。郡县官吏惮其风采，至自引去，所部肃然。凡丁钱、和买、役法、榷酤之政，有不便于民者，悉厘而革之。于救荒之余，随事处画，必为经久之计。有短熹者，谓其疏于为政，上谓王淮曰：“朱子政事却有可观。”（《宋史·列传第一百八十八》）

翻译

朱子选出本县中德才优异的人做自己的学生，每天给他们讲授古圣先贤修养自身和管理百姓的学问，还下令禁止妇女出家当尼姑、道士。

乾道三年……建州人没有饭吃，饿着肚子……隋唐时期设置的社仓，是近古应对饥荒非常奏效的办法。

臣等向建宁府申请对饥民的施救措施，每石先按照二斗米收息，然后逐年依此收了再散出去。遇到庄稼微微歉收时，就免去一半的利息……至今有十四年了，留出来的利息之米，造了三间社仓贮存起来，已把六百石原米还给建宁府……将来依照之前的办法敛散，不再收息，每石只收三升米……一乡四五十里之内的范围，虽然遇到歉收饥荒年，人也没有缺过食物。

朱子就任后立刻给其他州郡写信，召集米商，免除他们的商税，等朱子到达浙东，外地商船运来的粮食已经聚集了很多。朱子每日察访民情，到州县巡行考察，单车独行，不带随从，所到之地，人们都不知道他的身份。郡县的官吏害怕他的严峻的作风，有的甚至弃官离去，辖区之内秩序肃然。所有丁钱、和买、役法、榷酤这类规定条款，如对百姓不利，他全部整理出来加以革除。朱子在赈济灾荒之余，还按照实际进行规划，一定为百姓做长远的打算。有人毁谤朱子，说他政务荒疏，皇上对王淮说："朱熹政绩却是大有可观啊。"

解析

首先，朱子于绍兴二十一年(1151)，赴临安铨试中等，授左迪功郎、泉州同安县主簿。在此期间，朱子开辟学堂，整饬官场。朱子初入仕途就将"视民如伤"的牌匾悬示于众，不仅是一种为政宣示和对自己的提醒，更是以此接受百姓们的监督。朱子在同安任职期间"选邑秀民充弟子员，日与讲说圣贤修己治人之道，禁女妇之为僧道者"，还体恤乡里百姓，上书减免赋税，重视乡村教育，筹款整修县学。《宋元学案》记述曰"士思其教，民怀其德，不忍其去"。三年任期结束，朱子政绩突出，深受乡民拥戴。

其次，乾道三年(1167)秋，崇安发生严重水灾，颗粒无收，官府救灾不力，致饿殍遍地，饥民骚动。朱子正辞官在崇安的五夫镇休养，看到灾情，忧心如焚,立即与崇安知县诸葛廷瑞一起商议救灾事宜。朱子利用自己的影响力,力劝豪绅发所藏粟粮赈饥,还向官府请贷六百斛粮食散发给百姓,以解燃眉之急。灾情过后,朱子思考如何从根本上解决百姓灾年的生计问题,他深感遇到大灾之年仅靠官府力量很难做到迅速而全面地救助灾民,必须同时发动民间的力量。为此,朱子提出了在乡里建社仓的构想,用于弥补官府救灾的不足。朱子经过多方奔走,创建了当时的首个社仓——五夫社仓。朱子亲自制定仓规,举荐乡里有德望的四位乡贤共同管理社仓,还争取到福州知府陈俊卿的支持。社仓平时多方筹粮储粮,在青黄不接时借粮给乡民,一般取息二成;如发生小灾,利息减半;发生大灾,免除利息。社仓是一种互助式的备荒办法,不仅减轻了国家财政的负担,而且改变了乡间受灾百姓单纯依靠国家拨谷救济的思想,培养了乡村百姓的自我保障意识。五夫社仓建成后各地纷纷效仿,《建宁府志》记载:“社仓,前贤创之,后人因之,皆惠政也。”

再次,淳熙五年(1178),朱子知南康军。南宋的南康府在今九江、庐山一带,治所在星子县(今庐山市)。朱子到任时逢大旱,灾情十分严重。《宋史》记载,“至郡,兴利除害,值岁不雨,讲求荒政”。朱子不仅着手兴修水利,抗灾救荒,还积极向朝廷争取减免税赋。由于措施得力,百姓“多所全活”。这时,浙东地区也发生了灾荒,朱子因为救荒有方,“宰相王淮奏改熹提举浙东常平茶盐公事”,命朱子前往浙东救灾。朱子还未到任就给其他州郡写信,召集米商,免除他们的商税,等朱子到达时,各地商船运来的粮食已经聚集了很多。朱子每天都深入乡间考察灾情,“单车屏徒从,所至人不及知”,也就是在乡村考察时一律单车独行,不带随从,所到之处人们都不知道他的身份。朱子雷厉风行,也以此要求属吏,有的官吏受不了而“至自引去”。对于丁钱、和买、役法、榷酤等规定,如对百姓不利,朱子都整理出来加以革除,同时制定规划,为百姓做长远打算。朱子在浙东虽然时间不长,但政声远播,宋孝宗赵昚对王淮说的话认可了他的卓越政绩。

最后,淳熙十六年(1189),朱子知漳州,以节民力、易风俗为首务。如发布州县官牒,令官员聚厅议事,杜绝官吏舞弊。发布漳州晓谕词讼榜,整治词讼，解决陈年积案。发现当地土地兼并盛行，失地农民生活困苦，他主张“经界”之法，即核实田亩数，根据实际田亩重新确定赋税，意在合理摊派税收、增加州县财政收入，充实国库。此举能大大减轻农民负担，但遭到大地主等既得利益者反对，最终无法推进。朱子在漳州的全部施政变革，主要体现在正经界、免横赋、敦风俗、播儒教和劾奸吏等方面，而正经界则是他全部变革的灵魂，也是他努力打破阶层固化，在土地和经济上追求某种意义上的平等的体现和途径。

朱子一生仕途坎坷，这跟他追求政治和经济上的平等不无关系。朱子自中进士至去世前的五十年间，仕途经历时断时续，中间曾因无法实现自己的政治理想而多次用各种理由辞官。朱子无意官场，并不是放弃对百姓的责任而只去做一名书斋里的学者。他以一己之力想要改变社会和政治上的腐败黑暗，是非常艰难的，尽管如此，他仍然殚精竭虑，矢志不渝地追求着政治和经济上的平等。

(二)通过教育上的作为追求平等

原典

学问，无贤愚，无小大，无贵贱，自是人合理会底事。(《朱子语类》卷第十)

翻译

做学问，没有贤愚之分，没有小大之别，没有贵贱等级，自然是人人都应该懂的事情。

解析

首先，朱子追求机会平等。为了让更多人可以受到教育，他一生编撰很多教材，培养诸多门生，如《近思录》《小学》，影响最为深远的如《四书章句集注》，主要的教育著作有《大学章句序》《白鹿洞书院揭示》《学校贡举私议》《读书之要》《童蒙须知》等。朱子毕生讲学活动不断，即使在为官从政期间，他每到一处，也不忘设学育才，并亲自讲学。在他长期的教育实践活动中，培养的学生多达千人。单单是门生就近500人，遍及福建、浙江、江西、四川、山东、湖南、安徽等地，很多门生成为各学派的骨干。尤其是福建门生居多，据考证有164人，南平地区的就有99人，成为闽学的中坚力量和后继之人。比较有名的门生有真西山(德秀)、蔡九峰(沉)、陈北溪(淳)、李果斋(方子)诸先生，此外还有大名鼎鼎的蔡元定和黄榦。朱子重视教育对于改变人性的重要作用。他认为教育的作用在于“变化气质”，发挥“气质之性”中所具有的善性，去蔽明善。另外他在《大学》中所说的“明明德”也是发挥善性的意思。由于朱子认为天理和人欲是两相对立、水火不容的，所以他阐述教育的作用就是“变化气质”“明明德”，以实现“明天理，灭人欲”的根本任务。朱子还主张学校教育的作用在于“明人伦”，所以他严厉抨击了当时以科举为目的的学校教育，要求改革科举，整顿学校，以达到教育的相对公平。

其次，朱子把一个人的教育分为“小学”和“大学”两个既有区别，又有联系的阶段。815岁是小学教育阶段。朱子认为小学教育的任务就是培养“圣贤坯璞”，认为小学教育对一个人的成长非常重要，必须抓紧抓好。他提出小学以“教事”为主，强调让儿童在日常生活中通过具体行事，懂得基本的伦理道德规范，养成一定的行为习惯，学到初步的文化知识技能。因此，他的教育方法上强调以下三点：第一，先入为主，及早施教。第二，要求形象、生动，能激发兴趣。第三，首创以“须知”“学则”等形式来培养儿童的道德行为习惯。15岁以后为大学教育阶段，教育内容的重点是“教理”，即重在研究“事物之所以然”。大学教育则是在坯璞的基础上“加光饰”，再进一步精雕细琢，把他们培养成为对国家有用的人才。在教育方法上，他提倡两点：第一，重视自学。第二，提倡不同学术观点之间的相互交流。朱子认为，尽管这两个教育阶段具体的任务、内容和方法都不同，但又是有内在联系的，它们的根本目标都是一致的。

再次，朱子为了方便学生读书，建造了寒泉精舍、武夷精舍、云谷晦庵草堂、考亭书院，修复了白鹿洞书院、岳麓书院和湘西精舍，朱子讲过学的书院更是有兴贤书院、瑞樟书院、小山丛竹书院等十几所之多。武夷精舍又称武夷书院、朱文公祠,位于隐屏峰下平林渡九曲溪畔,是朱子亲自创办的第一所书院,并为其著书立说、倡道讲学之所。朱子的重要论著《大学章句集注》和《中庸章句集注》皆在此地先后成书。考亭书院位于南平市建阳区,为朱子晚年居住的讲学之地。朱子在此地授徒讲学八年,四方学子负笈求学问道,形成盛极一时的"考亭学派",至今仍存有明代后人重修的书院牌坊。兴贤书院位于武夷山五夫镇三市街籍溪坊,朱子当年曾在这里讲学授徒。所谓"兴贤",即兴贤育秀、继往开来之意。书院悬挂着"继往开来"的牌匾,仿朱子笔体,苍劲有力。整个书院规模宏大,飞檐重叠,气势磅礴,蔚为壮观。小山丛竹书院位于泉州市鲤城区开元街道北门模范巷,始建于南宋绍兴二十六年(1156),是朱子在泉州任职期间创办的一所书院,是泉州文脉的重要发源地之一。

最后,朱子贡献最重要的一点就是"朱子读书法"。朱子强调读书穷理,认为"为学之道,莫先于穷理;穷理之要,必在于读书"。他自己又酷爱读书,对于如何读书有深切的体会,并提出了许多精辟的见解,如:第一,循序渐进。读书应按一定的次序,不要颠倒。读书还要按照自己的实际情况和能力,安排读书计划,并认真遵守。读书还要扎扎实实打好基础,不可囫囵吞枣,急于求成。第二,熟读精思。朱子认为,读书要熟读成诵,又要精于思考。第三,虚心涵泳。所谓"虚心",是指读书时要虚怀若谷,静心思虑,仔细体会书中的意思。所谓"涵泳",是指读书时要反复咀嚼,细心玩味。第四,切己体察。朱子强调读书不能仅仅停留在书本上、口头上,而必须见之于自己的实际行动,要身体力行。第五,着紧用力。其一,必须抓紧读书时间,发愤忘食,反对悠悠然。其二,必须抖擞精神,勇猛奋发,反对松松垮垮、自由散漫。第六,居敬持志。所谓"居敬",就是读书时精神专一,注意力集中。所谓"持志",就是要树立远大的志向、高尚的目标,并要以顽强的毅力长期坚持。朱子读书法反映了读书的基本规律和方法,可以为学生提供尽可能多的教育公平的机会和途径。

公正

——公体正用

公正即社会公平和正义，它以人的解放、人的自由平等权利的获得为前提，是国家、社会应然的根本价值理念。自古以来，公正可谓是人类重要的价值追求，而中国古代先哲尤其是儒门先哲对公正也多有探讨。六经、先秦诸子和北宋四子都非常重视“公”，比如《礼记·礼运》有言：“大道之行也，天下为公。”《论语·尧曰》有言：“宽则得众，信则民任焉，敏则有功，公则说。”《荀子·不苟》有言：“公生明，偏生暗。”《通书·公明》有言：“圣人之道，至公而已矣。”《二程遗书》有言：“圣人致公，心尽天地万物之理，各当其分。”但是可惜的是，这些经典当中对于“公”和“正”的关系却论述较少，朱子继承并发展了先哲的思想，详细论述了“公”和“正”的内在机理和相互关系，并建构了系统的公正思想。

一、天下为公

“天下为公”的思想来源于《礼记·礼运》，这一思想突出体现了公正的永恒价值，也是社会主义核心价值观公正理念的重要来源。“天下”可以理解为所有人、所有事、所有工作。天下为公，意味着整个国家和全社会中的所有人、所有事、所有工作都应该秉承“为公”的思想和原则。朱子秉承先哲传统，他的思想和人生实践中都蕴含着丰富的“天下为公”资源，非常值得后世借鉴。

原典

“仁者不忧。”仁者，天下之公。私欲不萌，而天下之公在我，何忧之有！

(《朱子语类》卷第三十七)

翻译

所谓“仁者不忧”,仁者之所以不忧,是因为他有天下为公的心胸。胸中没有私欲萌生,而天下之大公皆在我胸中,又有什么值得担忧的呢?

解析

这句话是朱子对孔子“仁者不忧”句的解释。朱子认为,仁者之所以不忧,其根本原因在于仁者有一颗天下为公的心,正因为如此,所以他不会因为一己之得失而忧心忡忡。正如孔子所言:“君子坦荡荡,小人长戚戚。”君子不忧一己之得失所以坦荡荡,小人患得患失所以长戚戚。现代社会的大学生,应当如孔子、朱子一般,要有一颗天下为公之心,忧乐当如范仲淹那般——“先天下之忧而忧,后天下之乐而乐”。

原典

老苏云:“涣之九四曰:‘涣其群,元吉。’夫群者,圣人之所欲涣以混一天下者也。”此说,虽程传有所不及。如程传之说,则是群其涣,非‘涣其群’也。盖当人心涣散之时,各相朋党,不能混一。惟九四能涣小人之私群,成天下之公道,此所以元吉也。老苏天资高,又善为文章,故此等说话皆达其意。大抵涣卦上三爻是以涣济涣也。(《朱子语类》卷第七十三)

翻译

老苏说:“涣卦九四爻说:‘涣其群,元吉。’所谓朋党之群,圣人希望能够使朋党之群涣散而实现天下和谐大治。”老苏此种解说,即便是《程氏易传》也有所不及。比如按《程氏易传》的说法,那么便是群体人心涣散,而并非“使朋党之群涣散”。这是因为当人心涣散的时候,就会出现各种拉帮结派的现象,而不能实现和谐大治。只有九四之爻能使小人所结成的帮派涣散,而实现天下之公道,这就是所谓的“元吉”。老苏天资很高,又善于写文章,所以像他所说的话可以比较完美地表达他的意思。大抵来讲,涣卦的上面三爻都是用涣来救济涣。

解析

这一选段是朱子对老苏(指苏洵)解涣卦的评价。老苏认为涣卦九四爻的大义在于圣人要解散因私利而勾结的朋党之群,只有这样才能实现天下和谐大治。朱子对老苏这一解释评价极高,认为此一解释即便是伊川先生的《程氏易传》都赶不上。伊川先生把"涣其群"解释为群体人心涣散,而不是使营私之朋党涣散。朱子认为,如果人心涣散则结党营私之风必然盛行,那么也就不可能实现天下和谐大治,在这里朱子指出了人心、朋党、和谐大治这三者的微妙关系。

原典

问:"'天地之常,以其心普万物而无心;圣人之常,以其情顺万事而无情。故君子之学,莫若扩然而大公,物来而顺应。'学者卒未到此,奈何?"曰:"虽未到此,规模也是恁地。'扩然大公',只是除却私意,事物之来,顺他道理应之。且如有一事,自家见得道理是恁地,却有个偏曲底意思,要为那人,便是不公;便逆了这道理,不能顺应。圣人自有圣人大公,贤人自有贤人大公,学者自有学者大公。"又问:"圣贤大公,固未敢请。学者之心当如何?"曰:"也只要存得这个在,克去私意。这两句是有头有尾说话。大公是包说,顺应是就里面细说。公是忠,便是'维天之命,于穆不已';顺应便是'乾道变化,各正性命'。"(《朱子语类》卷第九十五)

翻译

学生问:"'天地之常,以其心普万物而无心;圣人之常,以其情顺万事而无情。故君子之学,莫若扩然而大公,物来而顺应。'如果为学之人不能一下子达到这个境界应该怎么办?"朱子答:"虽然没能达到这个境界,但是为学一定要有这个规模才行。'扩然大公',只是要除却私心杂念,万事万物,都应当顺应其中的道理。比如有一件事,自己知道按道理应该怎么做,但是却又因为某个人而心存故意偏颇歪曲的意思,这便是不公;便是违逆了道理,不能顺应道理。圣人自当要有圣人的大公,贤人自当要有贤人的大公,学者自当要有学者的大公。"学生又问:"圣人贤人的大公,学生暂时不敢请教。学者大公之心应当是怎样的?"朱子答:"也只是要心存大公、顺应道理,要克制自己的私心杂念。这两句是有头有尾、有始有终的话。大公是总体来讲,顺应是从里面仔细来讲。公便是忠,便是'维天之命,于穆不已';顺应便是'乾道变化,各正性命'。"

解析

在这一段对话中,朱子主要探讨了君子之学在于廓然大公、物来顺应,以及要怎样修养才能达至廓然大公的境界。朱子认为,要达至廓然大公的境界,必须消除自身的私心杂念,明白并顺应万事万物的道理。可见,在朱子看来要做到廓然大公那么就必须下格物穷理的工夫,因为如果没有格物穷理的工夫就没有办法明白万事万物的道理,不明白万事万物的道理就无从顺应事物的道理,自然也就没办法做到廓然大公了。除此之外,朱子还讲明了公和忠的关系,朱子认为"公是忠",只要忠于自己的本心本性,自然就能体现并顺应天理之公,就能"维天之命,于穆不已",就能"乾道变化,各正性命"了。

原典

问:"或言今日之告君者,皆能言'修德'二字。不知教人君从何处修起?必有其要。"曰:"安得如此说!只看合下心不是私,即转为天下之大公。将一切私底意尽屏去,所用之人非贤,即别搜求正人用之。"问:"以一人耳目,安能尽知天下之贤?"曰:"只消用一个好人作相,自然推排出来。有一好台谏,知他不好人,自然住不得。"(《朱子语类》卷第一百〇八)

翻译

学生问:"有人说当今那些告诫人君之人,都能说'修德'两个字。不知道应当教导人君从哪个地方开始修德呢?一定是有关键之处的。"朱子答:"怎么能这样说!只要看当下内心没有私欲,那么就马上转为天下为公之心了。将内心所有的私心杂念都摒除掉，如果现在所任用的不是贤人，那么就要到别处搜求贤良正直之士任用。”学生问：“凭借一个人的耳目，怎么可能了解天下所有的贤良正直之士呢？”朱子答：“只要用一位贤良正直之士做丞相，自然就能把天下贤良正直之士推举出来。还要有一位好的台谏，能辨别奸邪之徒，那么奸邪之徒自然就很难被推举。”

解析

朱子认为天下并非君王一人之天下，身为人君，必须提升自身修养，绝不可滥用权力，要把自身的私心杂念全部去除掉，而代之以天下大公之心。其间的关键，朱子认为是要任用贤良正直之士，尤其是要任用一位贤良正直的丞相，这样就能举贤臣、去小人，也只有这样君王才能凭借贤臣的辅佐而不断摒弃自身的私欲，而代之以天下大公之心了。朱子这一思想无疑没有超越中国传统圣君贤相的理想，但是对于限制君权还是具有一定的积极意义。

原典

问：“今只论涵养，却不讲究，虽能闲邪存诚，惩忿窒欲，至处事差失，则奈何？”曰：“未说到差处，且如所谓‘居处恭，执事敬’，若不恭敬，便成放肆。如此类不难知，人却放肆不恭敬。如一个大公至正之路甚分明，不肯行，却寻得一线路与自家私道合，便称是道理。今人每每如此。”（《朱子语类》卷第一百一十三）

翻译

学生问：“现在很多人只讲涵养，却不讲究其中的义理，虽然能约束邪念、保持真诚，克制愤怒、抑制欲望，但是做起事情来却难免偏差失误，这应该怎么办呢？”朱子答：“没有说到关键的地方，比如所谓‘居处恭，执事敬’，如果为人做事不恭敬，那就成了放肆。像这样的地方不难明白其中道理，但是人却往往放肆而不恭敬。比如明明有一个大公至正的大道摆在眼前，但是人却不肯走，偏偏要找寻一条和自己私心杂念相符合的小径，还说这个就是道理所在。现在的人往往这样为人处事。”

解析

在这一段对话中，朱子主要探讨了廓然大公和持敬这两者之间的关系。我们知道，持敬是朱子修养工夫之要义所在，朱子认为要做到廓然大公就必须做到“居处恭，执事敬”。朱子认为这个道理很简单，但是人却往往因为放肆不恭敬而放弃了大公至正之道，而去选择符合自己私心杂念的小径。

二、廓然大公

天下为公体现在人身上便是一种廓然大公的状态。朱子认为这种廓然大公的胸怀来自天理之公。他说：“盖天理者，此心之本然，循之则其心公而且正。”（《朱文公文集》卷第十三）又说：“仁义根于人心之固有，天理之公也。”（《孟子集注·梁惠王章句上》）在朱子看来，人心本就具有五常之德，而廓然大公则是仁之重要体现。朱子认为公心是人心之本然状态，他说：“人心之公，每为私欲所蔽。”（《朱子语类》卷第十三）可见，朱子认为人心本就是廓然大公的，人之所以变得自私狭隘是因为这廓然大公之心被私欲遮蔽了。

原典

其四，所谓抑私恩以抗公道者。臣闻天无私覆，地无私载，日月无私照，故王者奉三无私以劳于天下，则兼临博爱，廓然大公，而天下之人莫不心悦而诚服。傥于其间复以新旧而为亲疏，则其偏党之情、褊狭之度固已使人惆然有不服之心，而其好恶取舍又必不能中于义理，而甚则至于沮谋败国、妨德乱政，而其害有不可胜言者。（《己酉拟上封事》）

翻译

第四点，就是要抑制为私之恩情而提倡为公之正道。我听说天无私覆，地无私载，日月无私照，所以王者应当要如天地日月那般无私而为天下而辛劳，那么就可以普施博爱而廓然大公，而天下也就没有谁不对王者心悦诚服了。如果王者在执政的过程中，心存新旧亲疏之别，那么他的偏颇结党的心思、狭隘鄙陋的气度必然会让人产生不安和不服之心，而他的喜好、厌恶、采用、舍弃也必然不能符合义理，更有甚者会阻碍谋略、败坏国家、妨碍道德、扰乱政治，这样做的害处实在是无法用语言表达。

解析

1189年，宋孝宗禅位宋光宗，朱子《戊申封事》所申述的诸多施政方针也随之不了了之。光宗即位之后，连下诏书，"诏内外臣僚陈时政阙失，四方献歌颂者勿受"。所以朱子对光宗颇有期望，于是"草奏疏欲再上封事，以为新政之助"，朱子在所上书中提出十条对策："讲学以正心、修身以齐家、远便嬖以近忠直、抑私恩以抗公道、明义理以绝神奸、择师傅以辅皇储、精选任以明体统、振纲纪以厉风俗、节财用以固邦本、修政事以攘夷狄"，但却因为当时"执政有指道学为邪气者"，以致最终并未上呈，这封奏疏被称为《己酉拟上封事》。以上选段便是朱子所提出的第四条对策，即"抑私恩以抗公道"，朱子认为人君治理天下，必须如天地日月一般普施博爱、廓然大公，而切忌偏党狭隘。

原典

居之问"广居、正位、大道"。曰："广居，是廓然大公，无私欲之蔽；正位，是所立处都无差过；大道，是事事做得合宜。'居'字是就心上说，'立'字是就身上说，'行'字是就施为上说。"(《朱子语类》卷第五十五)

翻译

居之问什么是"广居、正位、大道"。朱子回答说："所谓广居，就是要做到廓然大公，本性没有被私欲蒙蔽；所谓正位，就是立身处世没有偏差过错；所谓大道，就是为人做事符合道义。'居'字是从心这一方面说，'立'字是从身这一方面说，'行'字是从作为这一方面说。"

解析

居之此一问题源自《孟子·滕文公下》，其文曰"居天下之广居，立天下之正位，行天下之大道”，这句话的意思是：“居住在天下最宽广的住宅‘仁’里，站立在天下最正确的位置‘礼’上，行走在天下最宽广的道路‘义’上。”传统上一般是用“仁”来解释“广居”，朱子在这里却用“廓然大公”解释“广居”，这是因为用“仁”来解释“广居”略显抽象，而用“廓然大公”解释“广居”则更为具体，可操作性也就更强了。

原典

问：“《定性书》云：‘大率患在于自私而用智。自私则不能以有为应迹，用智则不能以明觉为自然。’”曰：“此一书，首尾只此两项。伊川文字段数分明；明道多只恁成片说将去，初看似无统，子细理会，中间自有路脉贯串将去。‘君子之学，莫若扩然而大公，物来而顺应’，自后许多说话，都只是此二句意。‘艮其背，不获其身；行其庭，不见其人’，此是说‘扩然而大公’。孟子曰‘所恶于智者，为其凿也’，此是说‘物来而顺应’。‘第能于怒时遽忘其怒，而观理之是非’，‘遽忘其怒’是应‘廓然而大公’，‘而观理之是非’是应‘物来而顺应’。这须子细去看，方始得。”(《朱子语类》卷第九十五)

翻译

学生问：“《定性书》说：‘大体来讲，人的祸患主要在于自私自利且要小聪明。自私自利则不能用有为的方法来映照事物、反映痕迹，要小聪明，则不能自然地开明觉悟。’”朱子回答：“这一封书信，从头到尾所说的就是这两点。伊川先生的文字段落分明、层次清晰；明道先生的文字却是一说就是成片，刚开始看的时候好像没有头绪，但是仔细去探究理会，就能发现其中自然有脉络贯穿其间。‘君子的学问，没有比得上扩然而大公，事物到来而顺随道理去应对的’，此后许多言语，其实一直都在论述这句话。比如‘让事物即时停止在背后，就能不影响自身；即使两人走在庭院之间，只要背对也看不见对方’，这句话说的是‘廓然而大公’。孟子说‘之所以厌恶所谓智者，是因为他们喜欢穿凿附会’，这句话说的是‘物来而顺应’。比如‘如果能在愤怒时突然忘记愤怒，而观察道理的是非’这一句，‘如果能在愤怒时突然忘记愤怒'对应的是'廓然而大公','而观察道理的是非'对应的则是'物来而顺应'。这里都需要仔细去看,才能够有所收获。"

解析

《定性书》是明道先生答复横渠先生问如何定性的一封信,这封回信和《识仁篇》可谓是明道哲学的精髓所在。这一选段是朱子对《定性书》其中一句的解释,主要探讨了自私用智、有为应迹、明觉自然、廓然大公、物来顺应之间的关系。首先,朱子指出,明道先生的文字虽然看似没有统绪,但是仔细理会的话会发现其中实则脉络分明;其次,朱子认为明道先生《定性书》的核心思想在于"廓然而大公,物来而顺应";最后,朱子还论述了《周易·艮卦》和廓然大公之关系以及孟子之言与物来顺应之关系。

三、公体正用

朱子通过对《论语·里仁》"好仁恶仁"这一章的诠释,继承并发展了二程之学,并形成了"公体正用,体用一如"的公正思想。朱子认为,公自是公,正自是正,公是从心上说,是体,正是从事上说,是用,这两者缺一不可、体用一如。关于"公体正用",朱子又指出在实践中,公正是不可分割的,两者一旦分离就会造成公而不正或者正而不公的结果,那便是对公正的违背。

原典

萧景昭说此章。先生云:"注中引程子所谓'得其公正',是如何?"答云:"只是好恶当理,便是公正。"先生曰:"程子只着个'公正'二字解,某恐人不理会得,故以'无私心'解'公'字,'好恶当于理'解'正'字。有人好恶当于理,而未必无私心;有人无私心,而好恶又未必皆当于理。惟仁者既无私心,而好恶又皆当于理也。"(《朱子语类》卷第二十六)

翻译

萧景昭解说此章。朱子说:"注释中引用程子所说的'得其公正',是什么意思?”学生回答:“只要做到了好恶都顺应道理,那便是公正。”朱子说:“程子只解释公正两个字,我怕学人看不懂其中意思,所以用‘无私心’来解释‘公’这个字,又用‘好恶当于理’来解释‘正’这个字。有人可以做到好恶都顺应道理,但是却未必能做到没有私心;有人没有私心,但是却又未必能做到好恶都顺应道理。只有仁者既可以做到没有私心,又能做到好恶都顺应道理。”

解析

这一段的主题是朱子和学生探讨公正,从中可以看出朱子是在继承二程公正之学的基础上发展了自己的公正之学。朱子认为“公”乃“无私心”,“正”乃“好恶当于理”。朱子主要探讨了“公正”和“无私心”之间的关系,他认为公正的一个重要体现便是“无私心”,说:“只要是无私,无私则理无或蔽……苟能克去己私,扩然大公,则喜是公喜,怒也是公怒,哀、惧、爱、恶、欲莫非公矣。此处煞系利害。”(《朱子语类》卷第一百一十七)可见,仁者要做到公正,首先便是要“克去己私”,如此喜怒哀乐就无所不公了。

原典

问“唯仁者能好人,能恶人”,程子所谓“得其公正是也”。曰:“今人多连看‘公正’二字,其实公自是公,正自是正,这两个字相少不得。公是心里公,正是好恶得来当理。苟公而不正,则其好恶必不能皆当乎理;正而不公,则切切然于事物之间求其是,而心却不公。此两字不可少一。”(《朱子语类》卷第二十六)

翻译

学生请教程子为何以“得其公正是也”来解释孔子所说的“唯仁者能好人,能恶人”。朱子答道:“现在的人往往把‘公正’连在一起看,实际上公自是公,正自是正,这两个字相互之间少一个都不行。公是心中有公道,正是喜好和厌恶符合道理。如果只有公,没有正,那么喜好和厌恶肯定不能符合道理;如果只有正,没有公,那么就会很急切地想要在事物中寻求符合自己私心的道理，但是心中却没有公道。这两个字一个都不能少。”

解析

朱子认为，所谓仁者就是内心廓然大公、行事好恶当理之人，这也便是君子人格。正如伊川先生所说：“仁者用心以公，故能好恶人。公最近仁。人循私欲则不忠，公理则忠矣。以公理施于人，所以恕也。”(《二程集》)伊川先生认为“好善恶恶”乃是仁者以大公之心来处理现实中的人际关系，人如果秉承公心、不逞私欲，那便是忠，以此公心待人，那便是恕，可见一贯之道在某种意义上也就是公道。朱子继承了伊川先生这一思想，并在此段话中点出了公和正两者之间的关系，他认为公而不正、正而不公都不是真正的公正，公而不正者缺少的是格物穷理之工夫，所以很难用此公心顺应事物；正而不公者是本身就存有私心，但是又怕被批评不公，所以会想方设法为满足自己的私欲而寻找一个冠冕堂皇的理由。

原典

居父问：“仁者动静皆合正理，必有定则，凡可好可恶者，皆凑在这则子上，所以‘能好人，能恶人’。”曰：“然。程子所以说‘得其公正是也’。惟公然后能正，公是个广大无私意，正是个无所偏主处。”(《朱子语类》卷第二十六)

翻译

居父问：“仁者无论是动还是静都合乎正理，想必其中有一个确定的原则，凡是可以喜好可以厌恶的事物，都以这个确定的原则为标准，所以可以做到‘能真正地喜好人，能真正地厌恶人’。”朱子回答说：“确实如此。这个原则便是程子所说的‘得其公正是也’。只有做到公然后才能做到正，公是内心广大没有私心杂念，正是为人做事没有偏颇。”

解析

朱子认为，公正的标准在于是否符合天理，而一个人是否能行事公正，首先在于他是否有公心，如果一个人能秉承天理公心做事，那么他自然能做到公正。如此,我们可以看到朱子的公正之学是建立在天理的基础之上,而天理是公正无私的,因此君子亦当遵循天理,为人处事当以公正为准则,正如游酢所言:“好善而恶恶,天下之同情,然人每失其正者,心有所系而不能自克也。惟仁者无私心,所以能好恶也。”(《论语集注·里仁》)

原典

问:“‘惟仁者能好人,能恶人。’好善而恶恶,天下之同情。若稍有些子私心,则好恶之情发出来便失其正。惟仁者心中浑是正理,见人之善者则好之,见不善者则恶之。或好或恶,皆因人之有善恶,而吾心廓然大公,绝无私系,故见得善恶十分分明,而好恶无不当理,故谓之‘能好能恶’。”曰:“程子之言约而尽。公者,心之平也;正者,理之得也。一言之中,体用备矣。”(《朱子语类》卷第二十六)

翻译

学生问:“‘只有仁者能真正地喜好人,能真正地厌恶人。’喜好善良之人,厌恶邪恶之徒,这是天下人共同的情感。如果内心存有一点点私念,那么喜好和厌恶的情感发出来后便失掉了公正。只有仁者因为内心全部都是公正之理,看到他人好的地方就喜好,看到他人不好的地方就厌恶,是喜好还是厌恶,都是因为他人是善良还是邪恶,而此心能做到廓然大公,绝对没有被私心束缚,所以能够将善恶辨别得十分清楚,而喜好和厌恶都符合天理,所以称作‘能喜好能厌恶’。”朱子回答说:“程子所说的话简明而透彻。所谓公者,便是内心保持公平;所谓正者,是做事合乎天理。短短的一句话,体用兼备。”

解析

朱子是在继承程子公正思想的基础上发展出了自己的公正思想,并对后世影响深远。钱穆先生对朱子公正思想有着极高的评价,说:“就公、正二字,来分别心之体与理之用。分别得细,却更见其和合之深。阳明……争心与理一,又言知行合一,而教人于事上磨炼,似亦未失朱子大旨。然终不如朱子立言之周到。西方贵专门之学，心不能广大无私，而所主之理终亦不能无所偏。”①这一选段也是朱子对于程子公正思想的评价，朱子认为程子关于公正的言论简明透彻，点出了公在于“心之平”，正在于“理之得”，可谓体用兼备。

四、格正君心

朱子所处的南宋时代，虽然专制程度不如后来的明清时代，但是毕竟还属于专制王朝。既然是专制王朝，那么君王的道德品行对于社会的公正影响巨大，就如《大学》所说的，“一家仁，一国兴仁；一家让，一国兴让；一人贪戾，一国作乱”，所以朱子认为要想天下大治、政清人和，最根本的是要格正君心，只有君心正，官心才正，民心才正，也才能构建一个公正而和谐的社会。

原典

天下之务莫大于恤民，而恤民之本，在人君正心术以立纪纲。盖天下之纪纲不能以自立，必人主之心术公平正大，无偏党反侧之私，然后有所系而立。君心不能以自正，必亲贤臣，远小人，讲明义理之归，闭塞私邪之路，然后乃可得而正。（《宋史·列传第一百八十八》）

翻译

治理天下的事务没有比抚恤民众还重要的，而抚恤民众的根本，则在于人君要端正心术并以此立定纲领法度。这是因为天下的纲领法度不可能靠自身就得以立定，必须凭借人主端正心术、公平正大，不会受私心影响而偏颇反复，这样天下的纲领法度有所凭系才能得以立定。人君的心术很难依靠自身就得以端正，必须亲近贤臣，远离小人，要彰明道义天理的归宿，关闭堵塞自私的邪路，这样人君才能做到端正心术。

---

① 钱穆：《宋代理学三书随札》，生活·读书·新知三联书店2006年版，第21页。

解析

此一选段乃《宋史》节录朱子的《庚子应诏封事》，所谓封事，是指古代大臣上奏君王的密封奏章，以防泄密，因而得名“封事”。从1162年至1195年这三十多年间，朱子先后作“封事”六篇：《壬午应诏封事》《庚子应诏封事》《戊申封事》《己酉拟上封事》《甲寅拟上封事》《乙卯拟上封事》，合称《朱子封事》。此六篇封事集中体现了朱子的政治思想，影响十分深远。在《庚子应诏封事》一文中，朱子着重强调了《大学》正心诚意思想对治世的重要性，秉承孔孟的民本思想，把民生看作是治理天下的第一要务，并指出这第一要务的根本就在于君心。君心公平正大，天下纲纪才能得以树立，万民才能安居乐业；君心不正，就会亲小人、远贤臣，而陷万民于水火之中。

原典

德之崇者有未至于天欤？业之广者有未及于地欤？政之大者有未举，而其小者无所系欤？刑之远者或不当，而其近者或幸免欤？君子或有未用，而小人或有未去欤？大臣或失其职，而贱者或窃其柄欤？直谅之言罕闻，而谄谀者众欤？德义之风未著，而污贱者骋欤？货赂或上流，而恩泽不下究欤？责人或已详，而反躬有未至欤？（《辛丑延和奏札一》）

翻译

德性的崇高是否能像天那样？功业的广大是否能像地那样？政事的大端是否有没有确立的，而导致小事无所归附？是否有被刑罚所加之人因为关系疏远而处置不当，而又有人因为关系亲近而得以逃避刑罚？是否有贤良君子没有得到任用，而却有奸邪小人还没有被罢黜？是否有正直大臣失去了他的职位，而卑贱佞臣却窃取了他的权柄？正直诚信的言论是否很少听闻，而谄媚阿谀之徒却非常多？讲德行讲道义的风气是否还没有彰明，而卑污下贱之人却横行于世？财物贿赂是否往往流向上位者，而恩惠却很难泽被下民？责备他人是否非常犀利清楚，而反躬自省却还没有做到？

解析

淳熙八年(1181),朱子任浙东常平茶盐公事。这一年十一月,朱子在延和殿向宋孝宗面奏七札。本段选自第一札,朱子在这一札中直言批评宋孝宗君心不正,这样导致他在位二十年来,“水旱盗贼,略无宁岁”,“饥馑连年,民多流殍”。因此,他在札中要求宋孝宗要从德、业、政、刑等九个方面对自身加以反省。朱子认为,君心如果有所不正,就“足以招灾而致异”,因此朱子要求宋孝宗“浚发德音,布告中外,反躬引咎,以图自新”。

原典

臣愿陛下清闲之燕从容讽味,常存于心,不使忘失,每出一言,则必反而思之曰:“此于修身得无有所害乎?”每行一事,则必反而思之曰:“此于修身得无有所害乎?”小而嚬笑念虑之间,大而号令黜陟之际,无一不反而思之。必无害也,然后从之,有害则不敢也。则又夙兴而思之,曰:“吾于吾亲得无有未厚乎?”夜寐而思之,曰:“吾于吾亲得无有未厚乎?”以至于出入起居、造次食息,无时不反而思之。必已厚也,然后守之而勿失一;有未厚,则又恐惧而益加厚焉。念念如此,无少间断,则庶乎身修亲悦,举而措诸天下无难矣。(《经筵讲义》)

翻译

我愿陛下有清闲的时候要从容讽诵玩味《大学》的深意,要把《大学》的深意常存于内心深处,而不要遗忘丢失,每说一句话之前,就必须先深刻的反省思考一番:“这一句话对于修身是否有害处?”每做一件事之前,就必须深刻的反省思考一番:“这一件事对于修身是否有害处?”小事诸如皱眉嬉笑、一念一虑之间,大事诸如发号施令、罢黜提升之际,没有一件事不加以深刻的反省思考。必须想清楚确实没有害处,然后再去说去做,如果有害处的话,就不敢说也不敢做。那么早晨起来的时候也要深刻地反省思考一番:“我对于我的至亲是否还有做得不好的地方?”晚上睡觉之前也要深刻地反省思考一番:“我对于我的至亲是否还有做得不好的地方?”以至于出入也好、起居也好、匆忙也好、吃饭也好、休息也好，没有任何时候不好好反省思考的。必须做到确实对至亲很好了，然后持守这个好而一点都不要丢失；有做得还不够好的地方，那么就要惴惴不安而要做到更好。每一个念头都要这样，不要间断，那么修身也就差不多做好了，而至亲也会欣悦了，把这份心思放在治理天下之上，天下大治也就不难了。

解析

绍熙五年(1194)，宋宁宗即位，宰相赵汝愚举荐朱子为焕章阁待制兼侍讲。在向宋宁宗进讲《大学》的时候，朱子为宁宗详细讲述了《大学》的“三纲领”“八条目”，并强调“修身为本”不仅是对庶民的要求，更是对天子的要求，上面这一选段即是朱子对宋宁宗的要求。朱子要求宋宁宗要无时无刻不心存《大学》修身要义，只有做到“念念如此，无少间断”，才能把天下治理好。朱子认为，身为一国之君如果持身不正、心术不诚，那么他对于天下的危害会远远大于其他人，所以他对宋宁宗直言进谏：“若夫人君，则以一身托乎兆民之上，念虑之间一有不实，不惟天下之人皆得以议其后，而祸乱乘之，又将有不可遏者。”(《经筵讲义》)朱子此言目的不仅是告诫宋宁宗要正君心，更是希望他治理朝政时要以天下万民为念，要施行仁政，让民众能安居乐业。

法治

——德法兼施

法治是治国理政的基本方式，依法治国是社会主义民主政治的基本要求。法治是通过法制的建设和实施来维护和保障公民的根本利益，也是实现自由平等、公平正义的制度保证。中国传统文化本质是一种道德本位的德行文化，主张德治，推行德政，因此客观上导致了中国古代文化中的法治缺位。虽然如此，德本位的强势却并不表明朱子不重视法治的建设和运用，通过阅读朱子经典可知，朱子不仅有诸多关于法治的言论，而且影响极为深远。

一、德法兼施

朱子认为，法律虽然可以使民众惧怕而不敢违法，但是因为为恶的念头并没有去除，因此也就不能从根本上移风易俗，实现政清人和的社会理想。所以为政者在治理国家之时，应当首先要“道之以德，齐之以礼”，要对民众施以礼乐教化，从根本上提升民众的道德品质，让他们能自觉遵守国家的法律。只有当个别民众不听规劝而违法犯罪之时，才依据法律给予处罚，以收警诫之效。朱子力求在德治和法治之间寻求一个平衡点，既不像法家那样重法不重德，也不像部分儒家那样重德不重法，可以说，在道德和法律这二者之间，朱子所主张的是德法兼施，以德为本，以法为用。

原典

政者，法度也；法度，非刑不立。故欲以政道民者，必以刑齐民。德者，义理也，义理非礼不行，故欲以德道民者，必以礼齐民。二者之决，而

王伯分矣。人君于此不可不审,此一正君而国定之机也。(《朱文公文集》卷第四十一)

翻译

所谓政令,便是法律制度;法律制度,如果没有刑罚就很难得以确立。所以想要用政令来劝导民众,就必须用刑罚规范民众。所谓道德,便是道义天理,道义天理如果没有礼仪就难以通行,所以想要用道德来劝导民众,就必须用礼仪教化民众。这两者是区分王道和霸道的标准,身为人君对于此种分别不可不审慎对待,因这是正国君、定国家的枢机所在。

解析

孔子曾经说:“导之以政,齐之以刑,民免而无耻。导之以德,齐之以礼,有耻且格。”意思是如果用政令和刑法劝导民众,民众可能会因为畏惧而不去违法犯罪,但是却不会有善恶之分、廉耻之心;而如果用道德、礼仪教化民众,民众便会有廉耻之心,能分辨善恶而归于正道了。可见在孔子看来,道德伦理的教化作用要高于法律制度的规范作用。西汉时期,董仲舒继承了孔子这一思想,并总结为:“刑者,德之辅。”(《春秋繁露·天辨在人》)也就是后世的“德主刑辅”说。朱子作为宋代新儒学的代表人物,继承和发展了孔子和董子这一思想,认为德治和法治是不可偏废的,治理社会当以德治为本、为主,以法治为用、为辅,如此德法兼施才能把社会治理好。

原典

愚谓政者,为治之具;刑者,辅治之法。德礼则所以出治之本,而德又礼之本也。此其相为终始。虽不可以偏废,然政刑能使人远罪而已;德礼之效,则有以使民日迁善而不自知。故治民者不可徒恃其末,又当深探其本也。(《论语集注·为政第二》)

翻译

我认为所谓政令,是治理社会的工具;所谓刑罚,是辅助治理的法规。

所谓道德礼仪，是治理社会的根本，而道德又是礼仪的根本。以上所言四者互为终始。虽然此四者不可偏废，但是政令刑罚只是可以使人远离犯罪而已，道德礼仪却可以使民众在潜移默化中改过迁善而不自知。所以治理民众，不能只倚仗为政的末端手段，更要深入探究为政的根本之道。

解析

道德礼仪和政令刑罚虽然互为终始、不可偏废，但是这两者却有本末之分。道德礼仪是根本之道，政令刑罚则是末端之术。道德礼仪的推行依靠的是教化而不是强力，是通过人文教化来唤醒民众的良知良能，在潜移默化中便能收到移风易俗之效，而使民众明善恶、知是非而行正道；政令刑罚的实施依靠的是强力而不是教化，是通过强力禁止来唤起民众的畏惧之心，用强制手段保障政令刑罚的权威性，使民众不敢违背，从而维护社会安定、民生幸福。因此，治理社会虽要以道德礼仪为根本，但也切不可忽视政令刑罚的作用，这两者是相辅相成、缺一不可的。

原典

若夫道德性命之与刑名度数，则其精粗本末虽若有间，然其相为表里，如影随形，则又不可得而分别也。今谓安石之学独有得于刑名度数，而道德性命则为有所不足，是不知其于此即有不足，则于彼也亦将何自而得其正耶？（《朱文公文集》卷第七十）

翻译

如果说道德性命之学与刑名度数之学有本末精粗之别的话，那么实则它们是互为表里、如影随形，是密不可分的。现在有人说王安石的学问在刑名度数这一方面有独到之处，在道德性命这一方面则有所不足，这是因为这些人不了解这个道理，既然在道德性命之学上有所不足，又如何能在刑名度数上寻得正道呢？

解析

朱子法治思想背后的理论基础是“存天理，灭人欲”，因此天理所外化的道德性命之学也就成了人之所以为人的最高准则和评价标准。这一准则和标准一方面需要通过教化来深入人心，另一方面也需要用刑名度数来维护它的权威性。所以，朱子认为道德性命之学和刑名度数之学虽有本末精粗之别，但也是互为表里、密不可分的。基于这个认识，朱子还批评了时人对王安石的认识，并点出王安石不仅在道德性命之学上有所不足，而且在刑名度数之学上不得其正。

原典

先之以法制禁令，是合下有猜疑关防之意，故民不从，又却齐之以刑。民不见德而畏威，但图目前苟免于刑，而为恶之心未尝不在。先之以明德，则有固有之心者，必观感而化。然禀有厚薄，感有浅深，又“齐之以礼”，使之有规矩准绳之可守，则民耻于不善，而有以至于善。(《朱子语类》卷第二十三)

翻译

治理社会，如果以法制禁令为首要准则，这便是对民众有猜疑防备的意思，所以民众才不服从，但却又用刑罚整肃民众。民众看不到治理者的德化，只是畏惧治理者的强力，虽然因为惧怕强力而暂图免于刑罚，但是为恶之心却没有消失。治理社会，如果以彰明明德为首要原则，那么即便民众有为恶之心，也必然为明德所感而化解。然而人的秉性有厚有薄，所感有深有浅，所以还需用礼仪来规范民众，使他们有规矩准绳可以遵守，那么他们就会以行不善之事为耻，而在行善之路上有所凭依了。

解析

朱子认为，以法制禁令为首要原则来治理社会，虽然可以让民众因为畏惧而不敢做违法犯罪的事，但是因为这样便首先对民众有了猜疑、防备之心,民众反过来自然也就不会信任治理者,也就自然不会服从治理者的管理了,因此用这种方式来治理社会,是没有办法消除民众内心的恶念的。执政者治理社会,应当首先是用道德礼仪来教化民众,从根本上化解民众内心的恶念。只有在对待个别不服教化而违法犯罪的民众时,才迫不得已运用强力维护道德礼仪和法制禁令的权威。但是在德治和法治之间,还是要以德治为主,以法治为辅,这样德法兼施才能保障民众活得幸福而有尊严。

原典

这说亦是偏了,若专政刑,不独是弱者怕,强者也会怕。到得有德礼时,非独使强者革,弱者也会革。(《朱子语类》卷第二十三)

翻译

这种说法也是有偏颇之处的。如果为政者只用政令刑罚来治理社会,不单单弱者会惧怕,强者也会惧怕。而如果为政者推行道德礼仪有方,不单单强者会改过迁善,弱者也会改过迁善。

解析

有学生问朱子:"吕氏说云:'政刑能使懦者畏,不能使强者革,此之谓失其本心。'亦怕未如此。"这一选段便是朱子对学生此番提问的回答。朱子在这段回答中首先否定了吕祖谦的主张,认为他的说法有偏颇之处。朱子认为政令刑罚不仅仅能让弱者惧怕,也能令强者惧怕。道德礼仪和政令刑罚一样,不仅能让强者洗心革面,也能让弱者洗心革面。

二、融情于法

情法关系是一个古老而恒新的命题,这个命题的争论一直延续至今。《哲学研究》2002 年第 2 期曾发表了刘清平先生一篇质疑"亲亲相隐"的文章,并引发了国内学术界有关情法关系的一场大辩论。"亲亲相隐"这一命题出自《论语 · 子路》,叶公语孔子曰:"吾党有直躬者,其父攘羊,而子证之。"孔子曰："吾党之直者异于是。父为子隐，子为父隐，直在其中矣。"那么何谓情？《礼记·礼运》有言："何谓人情？喜怒哀惧爱恶欲。"人情是人为外物所感而触发的情感，它根于天性，感于外物，包含了亲情、爱情、友情、手足之情、仁爱之情等。二程认为："圣人缘人情以制礼，事则以义制之。"（《二程集·遗书》卷第四）朱子一方面继承了孔子和二程的思想，认为"先王制礼，本缘人情"（《文集》卷第三十六），另一方面他又依法办事，不徇私情。朱子的情法思想，可谓融情于法、情法兼顾。

原典

父子相隐，天理人情之至也。故不求为直，而直在其中。谢氏曰："顺理为直。父不为子隐，子不为父隐，于理顺邪？瞽瞍杀人，舜窃负而逃，遵海滨而处。当是时，爱亲之心胜，其于直不直，何暇计哉？"（《论语集注·子路第十三》）

翻译

父子相互为对方隐瞒，这是顺应天理人情的。所以虽然表面上并不符合正直之道，但是正直实则就在其中。谢良佐说："顺应天理就是直。父亲不为儿子隐瞒，儿子不为父亲隐瞒，这样做顺应天理吗？瞽瞍杀人之后，舜私下背着瞽叟逃到海边居住。那个时候，爱护至亲之心胜过一切，对于这事做得是否正直，哪里还有工夫去考虑呢？"

解析

朱子这段话是对"亲亲相隐"这一古老命题的评价。正所谓："春秋之治狱，论心定罪。"这心所体现的便是人类的最基本情感。朱子认为父子相隐这是顺乎天理人情的，也就是说，法需要顺乎人心人情，这就给了司法人员比较自由的裁量权，使法看上去不再是那么不近人情，而是尊重人心人情，让民众感受到法是真正顾及他们真实的感情的。如此，或许对社会的和谐安定会更有帮助，也更有利于违法人员改过迁善。

原典

杨氏之说本乎情，谢侯氏、尹氏之说本乎理，皆有所不同也。今试以身处之，则所谓情者，可体而易见；所谓理者，近于泛而不切。然徒徇夫易见之近情，而不要之以至正之公理，则人情之或邪或正，初无准则，若之何其必顺此而皆可以为直也邪？（《论语或问》卷十三）

翻译

杨时的说法是以人情为根本，谢良佐、侯仲良、尹焞的说法是以天理为根本，他们的说法各有不同之处。我们现在不妨设身处地来考虑这个事情，那么所谓人情，是可以很容易体会发现的；所谓天理，则显得有些空泛而不够切身。然而如果仅仅凭借容易体会发现的人情，而不考虑至为公正的天理，那么人情是正还是邪，就没有一个准则了，难道只要是顺乎人情的就是合乎正直之道的吗？

解析

朱子认为，要透彻了解“父为子隐，子为父隐，直在其中矣”，就必须兼顾人情和天理。从人情上讲，儿子如果告发父亲是违背人情的，所以不是直；从天理上讲，儿子如果告发父亲是违背天理的，所以不是直。在朱子看来，儿子告发父亲偷羊之事，既不合情，又不合理。那么孔子为何不直接说“父子相隐”便是直，而是说“直在其中矣”呢？我们不妨看一看朱子这段话，他说“父子相隐，本非直，而‘直在其中’”（《朱子语类》卷第二十四），可见朱子认为“父子相隐”本身并非直，而只是儿子在面对父亲的过错时一种合乎情理的选择。所以，我们如果仅仅从字面上来看待“父子相隐”是远远不够的，还需要去以经解经，去追问儿子为父亲隐瞒了这件事之后，他还会去做什么？很明显，按照儒家的伦理道德，父母有过，子女还需劝谏父母改正错误，而直就在其中。

原典

金，罚其金也；赎，赎其罪也。所以待夫罪之极轻，虽入于鞭扑之刑，而情法犹有可议者，则罚其金以赎罪也。(《朱文公文集》卷第六十五)

翻译

金，指的是处以罚金；赎，指的是赎其罪行。所以如果有的人犯罪行为极其轻微的话，虽然按照法律要处以鞭刑和扑刑，但是在情理和法理上还可以商榷的话，那么就可以用罚金代替鞭刑和扑刑来赎罪。

解析

朱子这段话是对《尚书》情法观的阐释。《尚书·舜典》说："象以典刑，流宥五刑，鞭作官刑，扑作教刑，金作赎刑，眚灾肆赦，怙终贼刑。钦哉钦哉，惟刑之恤哉。"可见融情于法是中国法治历来的传统，所谓"惟刑之恤"意思是执政者应当要体恤民情、慎重用刑，要像细雨滋润万物那样，感化罪犯而使之向善。

原典

《易》曰"君子明谨用刑而不留狱"，此圣人观象立教，万世不易之法也。今州县之狱，勘结圆备、情法相当者，并皆即随时决遣。惟其刑名疑虑，情理可闵者，法当具案闻奏，下之刑寺，审阅轻重，取自圣裁，而州县不敢以意决也。此深得古人明谨用刑之意矣。(《朱文公文集》卷第十六)

翻译

《易经》说"君子因此要明决审慎地使用刑罚，而不稽留讼狱"，这是圣人观察宇宙人生万象所设立的教化之道，也是万世不易的恒久法则。现在各州各县的案子，审理完备而又合法合情的，都可以当时就下决断。但有一些疑难案子于情于理都有值得同情的地方，按照法令当上奏朝廷，再下放到刑部和大理寺，如何审理和判决轻重，都要圣上亲自裁定，各州各县不敢按照自己的意思来裁决。这才可以说得上是深明古人明决审慎用刑的大义。

解析

朱子这段话选自他上奏皇帝的一封奏事状(《奏推广御笔指挥二事状》)。朱子首先引用《易经》中的话,以说明执政者要慎用刑罚、不留狱讼,对于那些合情合法的案子要尽快结案,对于那些在情理上很值得同情,在法律上又很难定论的案子,朱子认为要上报朝廷,让刑部和大理寺来审理和裁决,以示慎重。由此我们不难看出,朱子的法治思想既重情理,又重法理,办理案子既要合情,又要合法。

三、严本宽济

朱子认为用法令刑罚来治理社会应当以严为本、以宽济之。朱子生活的南宋时期,常常出现罚不当其罪、重罪而轻刑的,有鉴于此,朱子认为必须从严执法,他说:"号令既明,刑罚亦不可弛。苟不用刑罚,则号令徒挂墙壁尔。"另一方面,朱子也清楚地认识到治理社会也不能一味从严,因为一味从严很可能会导致滥用刑罚,所以必须以宽济之。只有宽严相济,才既能使有罪者受到法律的严惩,又能避免无辜者被滥用刑罚。

原典

号令既明,刑罚亦不可弛。苟不用刑罚,则号令徒挂墙壁尔。与其不遵以梗吾治,曷若惩其一以戒百?与其核实检察于其终,曷若严其始而使之无犯?做大事,岂可以小不忍为心?(《朱子语类》卷第一百〇八)

翻译

号召和政令既然已经彰明了,刑罚也是不可以松弛的。如果不用刑罚的话,那么号召和政令就如同只是挂在墙壁上而已。与其让民众不遵守号召政令而使社会治理没办法推行,不如惩罚一个不遵号令的人来警诫所有的民众?与其在最后再来核实检察,不如在刚开始的时候就从严执法而使民众不敢违法犯罪?想要把大事做好,怎么能抱有小不忍之情?

解析

有学生请教朱子："政治当明其号令，不必严刑以为威。"上一选段便是朱子对这一问题的回答。朱子认为，道德教化才能引导民众复归天理、克服人欲，政令刑罚则能使大多数人不敢不服从教化，即便是对少数顽固的难以教化的民众来说，政令刑罚也能使他们心存畏惧而不敢为非作歹，威胁普通民众的正常生活。

原典

古人为政，一本于宽，今必须反之以严。盖必如是矫之，而后有以得其当。今人为宽，至于事无统纪，缓急予夺之权皆不在我；下梢却是奸豪得志，平民既不蒙其惠，又反受其殃矣！（《朱子语类》卷第一百〇八）

翻译

古代的执政者治理社会，基本都是以宽为本，但是今天必须反过来，要以严为本。这是因为必须要用以严为本来矫正现在的情况，这样严宽才能得当。现在的人治理社会以宽为本，导致政事混乱以至毫无统纪，甚至是缓是急是给是夺的权力都失去了；下面的人却因奸诈豪横而得志猖狂，普通民众不但没能得到以宽为本的恩惠，反而还深受其害。

解析

朱子认为古人执政是以宽为本，但是时代已经发生变化了，他所生活的南宋时代因为政令松弛，导致奸诈豪横之徒鱼肉民众，所以当今的执政者必须反过来以严为本。朱子认为，法律存在的主要目的是"存天理，灭人欲"，是保护民生幸福、社会安全，所以在执法时就不必一味以宽、轻为主，否则可能会导致"刑愈轻而愈不足以厚民之俗，往往反以长其悖逆作乱之心，而使狱讼之愈繁"的情况，只有以严为本，那些奸诈豪横之徒才会心存畏惧而不敢违法作乱，而普通民众也才能真正安居乐业。

原典

为政以宽为本者，谓其大体规模意思当如此耳。古人察理精密，持身整肃，无偷惰戏豫之时，故其政不待作威而自严，但其意则以爱人为本耳。及其施之于政事，便须有纲纪文章、关防禁约，截然而不可犯。（《朱文公文集》卷第四十五）

翻译

执政者以宽为本，所说的是从大的方面来讲应当如此。古时候的执政者对于道理的体察非常精密，自己做人做事也整饬严肃，没有偷懒懈怠的时候，所以古人执政不需要作威而自然严格，虽则如此，但古人执政是以爱人作为根本的。等到他们把这一层意思用于政事，那么就必须要有纲纪文章、关防禁约，这些政令法规是绝对不可违犯的。

解析

朱子认为，古代民众的生活相对比较单调，物资也相对比较匮乏，因此民众的欲望相对也不是那么强烈，所以古人执政以宽为本。再加上古代的执政者因为持身守正，所以能不怒自威，奸诈豪横之徒因此也会心存畏惧而不敢违法乱政。另外，古代圣人所说的以宽为本，主要是在制定法律条款之时，也就是在立法的时候会体恤民情，以爱民养民为心，但是一旦法律条款制定之后就必须从严执法，以免法律条款变成摆设而纵容那些奸诈豪横之徒欺压良民。所以，以宽为本是指立法精神要以爱民为本，以严济之是指一旦确立了法律就必须从严执法，如此才能保证爱民养民的立法精神得以贯彻。

原典

法家者流，往往常患其过于惨刻。今之士大夫耻为法官，更相循袭，以宽大为事，于法之当死者，反求以生之。殊不知“明于五刑以弼五教”，虽舜亦不免。教之不从，刑以督之，惩一人而天下人知所劝戒，所谓“辟以止辟”；

虽曰杀之，而仁爱之实已行乎中。今非法以求其生，则人无所惩惧，陷于法者愈众；虽曰仁之，适以害之。(《朱子语类》卷第七十八)

翻译

法家之流，他们执政的大危害往往在于太过残酷刻薄。当今的士大夫都以做法官为耻，这样递相沿袭下来，便成了凡事都宽大处理，这就造成了按照法律应当处以死刑的，反倒想办法使他活下来。殊不知《尚书》有言要“明于五刑以弼五教”，即便是舜这样的圣王也免不了要用刑罚的。如果不顺从教化的话，便要用刑罚来督促，惩戒一个人而让天下的人都知道什么事该做、什么事不该做，这便是古人所说的“辟以止辟”；虽然表面上看是杀了违法之徒，但是实际上仁爱已经蕴含在其中了。当今执法者违背法律以寻求让死刑犯活下来，那么就有人会因为没有得到应得的惩戒而不畏惧法律了，这样违法犯罪的人就会很多；虽然表面上看是用仁爱之心对待他们，但是实际上却是害了他们。

解析

朱子认为，必须要用刑法来晓谕民众，使大家都知法、畏法而守法，这样可以达到教化所不能收到的效果。朱子非常赞同春秋时期郑国子产的做法：“子产政事尽做得好，不专爱人。做得不是，他须以法治之。”子产政事处理得好，不只是对百姓仁爱，确立一个简单易行的法律，让老百姓遵循。虽然号令已经明确，但是刑罚也是不可废弛的。百姓有做得不对的地方，他也会用法律进行惩戒。如果说令不行，禁不止，就认为是宽仁，那就错了。刑罚可以使人警醒，避免其他人犯同样的过失。假使不用刑罚，那么号令只是挂在墙壁上做做样子罢了。所以法律先要齐之以礼，若民不从法律禁令还要齐之以刑，这样才能做到防微杜渐。

四、儆戒无虞

儆戒无虞的典故出自《尚书·大禹谟》，其文曰：“吁！戒哉！儆戒无虞，罔失法度，罔游于逸，罔淫于乐。任贤勿贰，去邪勿疑，疑谋勿成，百志惟熙。

罔违道以干百姓之誉，罔咈百姓以从己之欲。无怠无荒，四夷来王。”大体意思是不要破坏法规制度，不要优游流于放纵，只有时刻警诫自己，才能免于后忧。朱子强调为政必须确立法律纲纪，令行禁止，谨身奉法，不作非违，不犯刑宪，惩罚一切违法乱纪者，使之不能逍遥法外，这样才能为社会的正常运转免去后患。

原典

当无虞时，须是儆戒。所儆戒者何？“罔失法度，罔游于逸，罔淫于乐。”人当无虞时，易至于失法度，游逸淫乐，故当戒其如此。既知戒此，则当“任贤勿贰，去邪勿疑，疑谋勿成”。如此，方能“罔违道以干百姓之誉，罔咈百姓以从己之欲”。（《朱子语类》卷第七十八）

翻译

当没有忧患的时候，也必须敬慎戒惧。所要敬慎戒惧的是什么？“不要破坏法规制度，不要优游流于放纵，不要玩乐无度。”当人没有什么忧患的时候，容易因为放纵淫乐而破坏法规制度，所以必须要在这些方面保持敬慎戒惧。既然知道在这些方面要敬慎戒惧，那么就应当“一心一意任用贤才，果断坚决铲除邪恶，谋划尚有疑问就不要勉强施行”。只有如此做事，才能做到“既不去违反正道去求取百姓的称誉，也不去不顾百姓的意见来满足自己的欲望”。

解析

朱子此言主要在于说明制治未乱、保邦未危的重要性。在没有祸患之时，执政者务必要保持警戒，居安思危，避免破坏法律制度。如果能这样做，就不至于破坏法律制度，骄奢淫逸。如果不这样做的话，就会流于放纵，就会玩乐无度，国家也就处于危险之中了。所以身为执政者，一定要心无猜忌地任用贤良之士，一定要果断地罢黜奸邪小人，只有这样才能既不“违道以干百姓之誉”，也不“咈百姓以从己之欲”，才能真正实现天下大治。

原典

“儆戒无虞”至“从己之欲”，圣贤言语，自有个血脉贯在里。如此一段，他先说“儆戒无虞”，盖“制治未乱，保邦未危”，自其未有可虞之时，必儆必戒。能如此，则不至失法度、淫于逸、游于乐矣。若无个儆戒底心，欲不至于失法度、不淫逸、不游乐，不可得也。（《朱子语类》卷第七十八）

翻译

从“儆戒无虞”到“从己之欲”，圣贤所说的话，自然有一个血脉贯通其中。这一段话，他先说“儆戒无虞”，这是因为“制治未乱，保邦未危”，从邦国还没有什么可以担忧的时候开始，就必须要敬慎戒惧。能做到这样，才不至于破坏法规制度、过分安逸、游乐无度。如果没有一个敬慎戒惧之心，想要不破坏法规制度、不过分安逸、不游乐无度，是很难做到的。

解析

朱子此言主要在于执政者保持儆戒之心的重要性。朱子所处的南宋时期虽然政治环境相对宽容，但毕竟也属于中央集权制度，所以执政者的道德品行对于一个社会的影响非常大。如果执政者不能保持儆戒之心，流于放纵荒淫，那么法律制度也就不可避免地会被执政者破坏。所谓“上行下效”，执政者罔顾法律制度，下面的人自然也会竞相效仿，那么法律制度也就形同虚设了。

原典

臣闻益之戒舜曰：“儆戒无虞，罔失法度，罔游于逸，罔淫于乐。任贤勿贰，去邪勿疑。”而终之曰：“无怠无荒，四夷来王。”周之文、武，亦以《天保》以上治内，《采薇》以下治外，始于忧勤，终于逸乐。其后中微，《小雅》尽废，四夷交侵，中国衰削。宣王承之，侧身修行，任贤使能，内修政事，外攘夷狄，而周道粲然复兴。臣尝以是观之，然后知古先圣王所以制御夷狄之道，其本不在乎威强，而在乎德业；其任不在乎边境，而在乎朝廷；其具不在乎兵食，而

在乎纪纲，盖决然矣。（《朱文公文集》卷第十三）

翻译

我听闻益是这样告诫舜的："只有时刻警诫自己，才能免于后忧。不要破坏法规制度，不要优游流于放纵，不要玩乐无度。要一心一意任用贤才，要果断坚决铲除邪恶。"最后又说："思想不怠惰，政事不荒废，那么四夷都会来归附你的。"周文王和周武王也用《天保》以上的诗篇来治理内部事务，用《采薇》以下的诗篇来治理外部事务，要从忧患勤苦开始，才终可得到安逸快乐。后来周朝中期衰微，《小雅》都被废弃了，四方夷狄交替入侵，中国日益衰弱。周宣王继承文王和武王的遗志，侧身修行，任用贤能，对内勤修政事，对外攘除夷狄，使得文武之道得以彰明，周朝也再度复兴。我常常用这个道理来观察政事，然后才明白古圣先王之所以能驾驭控制夷狄的道理所在，它的根本不在于威势和强力，而在于德行和功业；它的重任不在于边境地带，而在于朝廷中枢；它的器具不在于士兵粮食，而在于朝政纲纪，治国的道理必定是这样的。

解析

隆兴元年(1163)，朱子连上三封奏札给宋孝宗，本段即选自《癸未垂拱奏札三》。在此封奏札中，朱子告诫宋孝宗必须要做到"儆戒无虞"，要端正心术、立定纲纪。朱子认为，人君心术乃是天下纲纪立废的关键所在，他说："人主之心术公平正大，无偏党反侧之私，然后有所系而立。君心不能以自正，必亲贤臣，远小人，讲明义理之归，闭塞私邪之路，然后乃可得正也。"(《庚子应诏封事》)所以，他引用《尚书》之言告诫宋孝宗要以周文王、周武王之道来治理天下，要立纲纪、正心术、建德业，如此才能外攘夷狄，内兴国家。

公民篇

2022 年 10 月 16 日，习近平同志在党的二十大报告中指出："实施公民道德建设工程，弘扬中华传统美德，加强家庭家教家风建设，加强和改进未成年人思想道德建设，推动明大德、守公德、严私德，提高人民道德水准和文明素养。"

爱国是基于个人对自己祖国依赖关系的深厚情感，也是调节个人与祖国关系的行为准则。它同社会主义紧密结合在一起，要求人们以振兴中华为己任，促进民族团结、维护祖国统一、自觉报效祖国。朱子一生家国情怀深厚，维护国家统一，渴望收复失地，为国献策；他时时关心抗战的前途，为其失利愁苦，为其胜利欢呼；在关于国家统一的重大原则问题上，他那鲜明的态度闪耀着爱国主义的光辉。

敬业是对公民职业行为准则的价值评价，要求公民忠于职守，克己奉公，服务人民，服务社会，充分体现了社会主义职业精神。朱子将"主一"与"无适"两者作为"敬"的核心内涵，他对敬业及如何"专心致志以事其业"有着详细的论述与实践。

诚信即诚实守信，是人类社会千百年传承下来的道德传统，也是社会主义道德建设的重点内容，它强调诚实劳动、信守承诺、诚恳待人。朱子对诚信概念和修养方法的论述，可以让我们认识了传统诚信观的重要内容。朱子对儒家经典的注释，以及和弟子门人的讨论常常体现着他的诚信观，对于个人诚信的修养，朱子提供了许多历久弥新的见解。

友善强调公民之间应互相尊重、互相关心、互相帮助，和睦友好，努力形成社会主义的新型人际关系。朱子文化中有很多关于友善的讨论，朱子将孟子的性善论放入理学的体系中，将人性本善与天地之心、天理、自然相贯通，强调"诚是万善之根"，要求人们合理地表现自己的情感，才是真正的友善。

爱国、敬业、诚信、友善，是公民基本道德规范，是从个人层面对社会主义核心价值观基本理念的凝练。它覆盖社会道德生活的各个领域，是公民必须恪守的基本道德准则，也是评价公民道德行为选择的基本价值标准。朱子重视修身，其文化体系中也蕴含着丰富的爱国、敬业、诚信、友善等方面的思想。

爱国
——不奈忧时一寸心

爱国主义是指个人或集体对祖国的一种积极和支持的态度，揭示了个人对祖国的依存关系，是指人们对自己家园以及民族和文化的归属感、认同感、尊严感与荣誉感的统一。主要表现为民族自尊心和民族自信心，为保卫祖国和争取祖国的独立富强而献身的奋斗精神。不仅体现在政治、法律、道德、艺术、宗教等各种意识形态和整个上层建筑之中，而且渗透到社会生活各个方面，成为影响民族和国家命运的重要因素。爱国主义是一个民族、一个国家赖以生存和发展的基本精神，是每一个伦理主体普遍具有的情感与道德准则，也是始终流淌在每个人血脉中的最宝贵感情。

1990 年 5 月 3 日，江泽民同志在《爱国主义和我国知识分子的使命》中指出："我们所讲的爱国主义，作为一种体现人民群众对自己祖国深厚感情的崇高精神，是同促进历史发展密切联系在一起的，是同维护国家独立和广大人民的根本利益密切联系在一起的。"2019 年 11 月，中共中央、国务院印发了《新时代爱国主义教育实施纲要》，并发出通知，要求各地区各部门结合实际认真贯彻落实。

作为中华民族的传统美德，自古以来爱国主义始终是贯穿中国历史发展的一条鲜明主线。在中华民族历史演进过程中，爱国主义思想不仅积淀成对国家、民族、人民的深厚感情，而且激励着一代代的中华儿女为了国家的自立、自强以及民族的自尊、自信和人民的利益不断拼搏进取、团结奋斗，体现着对国家前途、民族命运和人民幸福的高度责任感和理性自觉。

朱子一生历高、孝、光、宁四朝，其时金国步步南侵，南宋王朝面临着深重的危机，救亡图存成了他一生中最执着的追求。纵观朱子一生，其忧国之诚始终未变，虽多次遭受主和派打击，但爱国之志始终不渝，并通过教育和著书立说激发国人的爱国热忱。爱国词人辛弃疾在朱子逝世后感言："所不朽者，垂万世名。孰谓公死，凛凛犹生！"(《宋史·列传第一百六十》)

一、一生护国家统一

(一)维护统一，反对议和

朱子的爱国精神首先体现在对国家前途、民族命运的高度关注上。渴望恢复中原、坚决维护国家统一、反对议和的一系列爱国主张，贯穿了朱子的一生。同时，朱子对国家前途的担忧还表现为对国家内部状况的清醒认识。他认为，之所以政治腐败，国力孱弱，是因为奸臣当道，义利不分，而当下应该整顿纲纪，远离佞臣。

原典

臣窃观今日之论国计者，大概有三：曰战，曰守，曰和而已。然天下之事利必有害，得必有失，是以三者之中，又各有两端焉。盖战诚进取之势，而亦有轻举之失；守固自治之术，而亦有持久之难。至于和之策，则下矣……国家之与北虏，乃陵庙之深仇，言之痛切，有非臣子所忍闻者，其不可与共戴天……今日所当为者，非战无以复仇，非守无以制胜，是皆天理之自然，非人欲之私忿也……今释怨而讲和，非屈己也，乃逆理也。己可屈也，理可逆乎？逆理之祸，将使三纲沦，九法斁，子焉而不知有父，臣焉而不知有君，人心僻违而天地闭塞，夷狄愈盛而禽兽愈繁。(《癸未垂拱奏札二》)

今本根未固形势未成，进未有可以恢复中原之策，退未有可以备御冲突之方，不若縻以虚礼，因其来聘，遣使报之，请复土疆。示之以弱，使之优游骄怠，未遽谋我。……夫议者所谓本根未固，形势未成，进不能攻，退不能守，何为而然哉？正以有讲和之说故也。此说不罢，则天下之事无一可成之理。何哉？进无生死一决之计，而退有迁延可已之资，则人之情虽欲强自力于进为，而其气固已涣然离沮而莫之应矣……彼虽仁义不足而凶狡有余；诚有谋我之心，则岂为区区之虚礼而骄？诚有兼我之势，则亦岂为区区之虚礼而辍哉……使之窥见我之底蕴，知我之无谋而益无忌惮耳。纵其不来，我恃此以自安，势分气夺，日复一日，如前所云者，虽复旷日十年，亦将何计之可成哉？则是所以骄敌者，乃所以启敌而自骄；所以缓寇者，乃所以养寇而自缓。为虏计则善矣，而非吾臣子所宜言也。(《壬午应诏封事》)

秦桧之罪所以上通于天，万死而不足以赎者，正以其始则唱邪谋以误国，中则挟虏势以要君。(《戊午谠议序》)

翻译

臣我私下认为今日讨论治国方针大计的，大概有三种：战、守、和。然而天下的事有利也有害，有得也有失，因此这三种情况中又各有两个方面。“战”固然有进攻、攻取之势，但也有轻率行动的失误；“守”固然有自行管理的策略，但也有维持长久的困难。至于“和”则是不高明的计策……国家与北边金国的仇恨是宗族间的深仇，其悲痛哀切是我所不忍听到的，这仇不共戴天……现在可以做的，除了战争没别的办法复仇，除了防守没有别的办法取胜，这都是如天道般自然的事，并非个人的怨恨……现在消除怨怼而谈判和平，并不是委屈自己，而是违背天理。自己可以委屈，天理怎么可以违背？违背天理造成的祸害，将使三纲亡失，治理天下的各种大法败坏，孩子不知道有父亲，臣子不知道有国君，人心乖僻不合，天地闭塞，夷狄繁盛而不知礼义的人越来越多。

现在根基不牢，力量没形成，进没有可以恢复中原的策略，退没有可以防备冲突的方法，不如随便给他虚礼，使他遣使访问，我们也派使者回访，要求恢复领土。表示软弱，使他悠闲傲慢懈怠，没有深入谋划对付我们……那些人说根基不牢，力量没形成，进不能攻，退不能守，那怎么做才是正确的？正是因为存在求和的观点。这种观点不除去，那天下的事就没有一件可以做成了。为什么呢？进攻时没有你死我活战斗的计谋，而退却有苟延残喘的依靠，人心虽然想尽力前进，但气势已经涣散没有人回应了……敌人仁义不足但凶顽狡诈有余；有了算计我们的心，又怎么会因为微不足道的虚礼而懈怠，有了吞并我们的势头，又怎么会因为微不足道的虚礼而停战……让他们见到了我们的底蕴，知道了我们没有谋略，就会更加肆无忌惮了。即使他们不来侵犯，我们因此自以为安定，气势消散，一天又一天，像之前所说的，就算过了十来年，又将有什么计策呢？这样，用以让敌人懈怠的，恰恰是使敌人进步而使自己懈怠；用以懈怠敌人的，恰恰是助长敌人而懈怠自己。对于敌人来说这是好事，而不是我们臣子所该说的。

秦桧罪恶深重，死一万次也不足以抵消罪孽，正因为他开始时用邪恶的计谋贻误败坏国家大事，后来又倚仗敌人势力要挟君主。

解析

隆兴元年(1163)十一月，朱子奏事垂拱殿。在《癸未垂拱奏札二》中，朱子分析了朝中战、守、和三家之论。朱子从战、守、和的利害、得失即“三说六端”分析，战为进取之势，虽有轻举之失，但可以打击金国；守为自治之术，但亦有持久之难，不能尽快消灭金兵；和则是苟且偷安之下策，有百害而无一利，当然不可取。朱子还从伦理纲常的角度论证抗金用兵的正义性。朱子明确站在主战派一边，反对讲和。他认为，宋与金有不共戴天之仇，因此从义理上说，不可和是明白易晓的。但为什么朝廷一直举棋不定呢？乃是讲和之说疑之的缘故。而讲和之说之所以能够疑之，“必以有利而无害故也”。于是朱子针锋相对地剖析了讲和之说的每一个论点，论证其“有百害无一利”。

朱子在《壬午应诏封事》中对投降派的三种主和谬论进行了批驳。第一种主和谬论是说进攻和防守的条件都不具备，所以要讲和。朱子驳斥说这种进不能攻、退不能守的局面是什么原因造成的呢？正是讲和之说延误时机的结果。讲和之说倒果为因，苟且偷安，气势消散，因而防守不牢固，进攻不勇敢。第二种主和谬论是用送礼的办法请求金人还我疆土。朱子驳斥说敌人的本性和野心决定了它不会因区区虚礼而罢手的。第三种主和谬论是通过讲和表示无力反抗，低头认输，以松懈敌人的斗志，使其不急于向我发动进攻。朱子驳斥说想要对方相信我们的弱小，必然“使之窥见我之底蕴，知我之无谋”，反而使其益无忌惮。朱子指出，自宣和、靖康以来，首尾三四十年，金人专持此计，而宋朝堕其术中不曾省悟，危国亡师如出一辙。因此朱子大声呼吁赶快吸取教训，改弦更张，对金采取强硬政策。

朱子对主和派深恶痛绝，他认定秦桧是南宋积弱难返的罪魁祸首，是金国的代理人、奸细。在秦桧的政治高压下，岳飞等抗金志士被残酷杀害，此后数任皇帝也无抗金大志，国力孱弱，官僚佞谀满前，集体沉沦，无心抗金。朱子指出秦桧专权期间犯下八大罪行：媚事敌国、卖国求荣、图谋篡位、架空皇帝、残害忠良、独断专行、迫害异己、结党营私。

（二）诗歌抒爱国之情

除去士大夫的身份，朱子还是一位有着极高文化修养的诗人，虽为理学宗师，却依旧对文学给予相当的重视。文学家的个体身份又使他运用诗歌文论等文学手段来抒发自己的愤懑之情，表现出对时局的高度关注。他为宋军的失利而愁苦，又为其胜利而欢呼。朱子一生创作了大量诗文，其中有许多篇章，强烈地表达了他怀念中原故土、念念不忘收复山河的爱国情怀。

原典

次知府府判二丈韵一首

志士怀韬略，奇兵吼镆干。①
关河那得往，肝胆不胜寒。②
壮节悲如许，雄图渺未阑。③
皇舆方仄席，陋巷敢求安。④

翻译

①志士身怀良策，奇兵武力高强。韬略：意指文韬武略，又指《六韬》《三略》，为古代兵书，引申为战斗用兵的计谋。在斗争中所采取的策略、计谋、手段等，都可称之为韬略。镆干：良剑镆铘、干将的并称，指强大武力。

②前往边塞地区，忠义之士经得起寒冷。关河：地域名，指黄河以北地区，后用于指关口和河防、边塞险要之地。胜寒：胜任，禁得起。如苏轼《水调歌头·明月几时有》词："我欲乘风归去，又恐琼楼玉宇，高处不胜寒。"

③壮烈的节操是如此的悲愤，雄伟的计划和谋略渺茫但未泯灭。壮节：壮烈的节操。渺：渺茫。阑：将尽。

④孝宗皇帝初即位，我身处陋室哪敢安逸。皇舆：国君所乘的高大车子，多借指王朝或国君。仄席：不正坐，谓坐不安稳，古时形容帝王勤政。

解析

这首诗是朱子忧国事之多艰而作。朱子得知北伐失败的消息，殊感痛惜与忧闷。不过他并未绝望，而是尚冀新帝留意战备，继续抗金，恢复中原。他即事抒怀，赋诗《次知府府判二丈韵一首》。诗中头两句，述抗金志士胸怀良策，厉兵秣马，决心收复失地；三、四句喻边塞沦于敌手，而朝廷屈膝苟安，令人愤慨；五、六句言诗人伤叹之余，意志未泯，希冀有所作为；最后两句，望新帝初立，有志匡复，为臣者焉敢自求安逸。全诗语调豪壮，哀而不伤，期望新帝有新的雄心，坚决抗金复国，朱子自己也愿出仕忠君报国。

原典

次子有闻捷韵四首

其一

神州荆棘欲成林，霜露凄凉感圣心。[①]

故老几人今好在，壶浆争听鼓鼙音。[②]

其二

杀气先归江上林，貔貅百万想同心。[③]

明朝灭尽天骄子，南北东西尽好音。[④]

其三

孤臣残疾卧空林，不奈忧时一寸心。[⑤]

谁遣捷书来筚户，真同百蛰听雷音。[⑥]

其四

胡命须臾兔走林，骄豪无复向来心。[⑦]

莫烦王旅追穷寇，鹤唳风声尽好音。[⑧]

翻译

①神州大地荆棘成林一片荒凉，激励了皇帝下抗金的决心。据《晋书·索靖传》载，西晋索靖很有远见，到洛阳后看到朝政不纲，知道天下必将大乱，于是指着宫门铜驼说："总有一天会看到你在荆棘之中。"没多久，果然发生了五胡乱华。后因以铜驼荆棘指战乱后的残破景象。这句说中原大地经过金兵蹂躏，一片荒凉。

②还留在北方沦陷区的原宋朝旧臣遗民，带着食物饮料，争先恐后地欢迎宋朝军队。壶浆：装在壶里的饮料。《孟子·梁惠王下》："箪食壶浆，以迎王师。"言人们带着食物饮料来犒劳军队。鼓鼙：乐器，大鼓和小鼓，古代进军时用于激励战士。

③杀气已先传到皂角林，百万勇猛宋军同仇敌忾。貔貅：猛兽名，古人多用之比喻勇猛之士。

④明早就可以除灭金兵，使全国各地传遍光复的喜报。天骄子：汉朝称北方匈奴为"天之骄子"，后用以泛称强盛的边地民族。

⑤我患病卧床在武夷山中，无可奈何忧念时事一片诚心。孤臣：朱子自称。不奈：无可奈何。

⑥谁把捷报传到了我的茅舍之中，就像蛰虫听到春雷的声响。蛰：蛰虫，伏藏在土中过冬的昆虫。春雷的声响惊醒了各种蛰虫，使它们纷纷活动起来。

⑦金兵片刻间像兔子般四散逃走，再也没有来时那种骄矜纵恣。

⑧不用再派军队追击，就是风声鹤唳都足以使金兵丧魂失魄。鹤唳：鹤鸣。据《晋书·谢玄传》载，前秦苻坚组织九十万军队，大举南下，企图一举灭晋。谢玄等率兵八万迎战，于淝水大破秦军，溃败的秦兵在逃跑时听到风声鹤唳，都以为是晋朝的追兵。

解析

第一首，写山河破碎，北方长期沦于敌寇，终于激励皇帝下了抗金决心，元老旧臣和老百姓去慰问宋军抗金。第二首，写百万勇猛宋军，同仇敌忾，可望很快除灭金兵,使全国各地传遍光复的喜报。第三首,写患病的朱子听到胜利消息,宛如冬眠的虫子听到雷声而欣喜。第四首,写金兵狼狈败走,希望宋军穷追猛打,夺取抗金全胜。

这四首诗是朱子在听到宋朝军队和金兵交锋取胜后心情喜悦所作的。唐代作家韩愈曾说“欢愉之辞难工”(《荆潭唱和诗序》),即表达欢快喜悦之情的作品很难写好。但这四首诗,情调乐观昂扬,言辞爽利欢畅,节奏轻捷明快,全篇一气贯注,反复吟咏,如军乐之声盘旋回荡,成功地表现出作者内心的喜悦和希望尽快收复中原的心愿。在朱子的诗意想象中,他仿佛已经看到了金军一败涂地,血流成河,宋朝将士同心同仇,收复失地。“明朝灭尽天骄子,南北东西尽好音”,他对抗金的胜利前途充满了热切的期待。全诗抒发了冷卧空林的孤臣对灭尽敌寇收复故国河山的强烈愿望,情感激越高昂,极富感染力。

二、奏章献治国之策

朱子年轻时更倾向于抗金速胜论,但南宋王朝多次的抗金战争均以失败告终,使朱子逐渐认识到以当时南宋王朝的实力,要收复中原难于上青天。朱子认识到战胜金人的要径是通过内整纲纪以富国强兵,要想复国雪耻,从统治阶层而言,只有正君为治,勤修政事,才能富国强兵并最终实现恢复中原的目标。因此,朱子晚年时抗金策略有所改变,主张先“图治”再“复仇”,从最初的积极主战转为更加理性的“合战、守之计以为一”策略。希望通过帝王的任贤使能,立纲厉俗来达到国富兵强的目标后,再“徐起而图之”。

原典

盖臣窃观今日天下之势,如人之有重病,内自心腹,外达四肢,盖无一毛一发不受病者……然其危迫之证……是必得如卢扁、华佗之辈,授以神丹妙剂……以去病根,然后可以幸于安全……盖天下之大本者,陛下之心也。今日之急务,则辅翼太子,选任大臣,振举纲维,变化风俗,爱养民力,修明军政六者是也……(《戊申封事》)

翻译

我私下观看现在天下的局势，就像人得了重病，从里面的心与腹，到外面的四肢，没有一处不得病的……但是最危急的症状……是一定要像扁鹊、华佗那样的人，给予神丹妙药……用以去除疾病的根源，这样之后才有幸安全……天下最重要的是陛下您的心。现在急需办的事，是辅助太子，挑选任用大臣，振作整顿法度，改变风气习俗，爱护养育民众的人力、物力、财力，整饬昭明军中政事这六个方面……

原典

夫太子，天下之本，其辅翼之不可不谨……教世子者，所以必选端方正直、道术博闻之士与之居处，而又使之逐去邪人，不使见恶行，盖常谨之于微，不待其有过而后规也……凡古先圣王正心修身、平治天下之要……悉以告之……而宗社之安，统业之固，可以垂于永久而无穷矣……（《戊申封事》）

翻译

太子是天下的根本，对他的辅助不可以不谨慎……教育太子的，一定要选庄重正直、学识渊博的人来教授太子平日的仪容举止，而又使太子驱逐心术不正的人，不让他看见丑恶的行为，对细微之处严谨，不要等到他有错了再规劝……凡是古代德才超群的帝王正心修身、治理天下的关键……全部告诉他……那国家的安全、帝王之业的稳固，就可以永久流传而没有穷尽了……

原典

夫以至庸之材……则虽名为大臣，而其实不过供给唯诺，奉行文书，以求不失其窠坐资级，如吏卒之为而已；求其有以辅圣德、修朝政而振纪纲，不待智者而知其必不能也。下此一等，则惟有作奸欺、植党与、纳货赂，以浊乱陛下之朝廷耳。其尤甚者，乃至十有余年而后败露以去。……顾常反得如秦桧晚年……坏其纲纪，而使天下受其弊哉……天下之事必得刚明公正之人而后可任也哉……盖不求其可喜而求其可畏，不求其能适吾意而求其能辅吾德……不为燕私近习一时之计而为宗社生灵万世无穷之计，陛下诚以此取之，以此任之，而犹曰不得其人，则臣不信也……(《戊申封事》)

翻译

那些极其平庸之辈……虽然名义上是大臣，但实际上不过是卑恭顺从、听命办理日常事务，以求不失去他的职位，就像是小官吏的作为而已；要他辅助人主的德行、治理朝政而整顿法度，不用聪明人都知道他不行。比这更差的是做不法之事、培植同党、收受贿赂之人，使陛下的朝廷混乱。更有甚者，到了十多年后他们的行为才败露而被开除……秦桧晚年……败坏纲纪，使天下遭受他的祸害……天下的事一定要有严明公正的人才可以治理……不用他令人高兴，而是要他令人敬畏，不用他满足我的心意，而是要他辅助我的德行……不谋求左右亲近之臣一时的想法，而谋求国民万世发展的策略，陛下果真能用这个标准来选拔任用大臣，还说得不到合适的人，那我不信……

原典

欲夫纲维之振、风俗之美哉，但以一念之间未能去其私欲之蔽，是以朝廷之上，忠邪杂进，刑赏不分，士夫之间，志趣卑污，廉耻废坏……及其作奸犯法，则陛下又未能深割私爱，而付诸外廷之议，论以有司之法，是以纪纲不能无所挠败……其所藏匿作过之人，则又不复逮捕付狱，名为降官，而实以解散其事。此虽宰相曲庇乡党以欺陛下，然臣窃意陛下非全然不悟其欺者，意必以为人情各有所私……而不知其败坏纲纪……纲纪不振于上，是以风俗颓弊于下……而以不分是非，不辨曲直为得计……惟其私意之所在……无复廉耻……而不复知有忠义名节之可贵……一有刚毅正直、守道循理之士出乎其间，则群讥众排，指为道学之人，而加以矫激之罪……排摈诋辱，必使无所容措其身而后已……又其甚者，乃敢诵言于众，以为陛下尝谓今日天下幸无变故，虽有伏节死义之士，亦何所用……盖以如此之人临患难而能外死生……临患难而能尽忠节……则君心正于上，风俗美于下，足以逆折奸萌，潜消祸本……而专取一种无道理、无学识、重爵禄、轻名义之人，以为不务矫激而尊宠之，是以纲纪日坏，风俗日偷，非常之祸伏于冥冥之中。而一旦发于意虑之所不及，平日所用之人交臂降叛而无一人可同患难，然后前日摈弃留落之人始复不幸而著其忠义之节……小人敢托圣训以盖其奸，而其为害至于足以深沮天下忠臣义士之气，则亦未尝不痛心疾首……可不反求诸身而亟有以变革之耶……(《戊申封事》)

翻译

想要纲纪整顿、风气习俗改良，但一念之间并不能去除个人欲望的弊端，因此朝廷之上，忠正与奸邪的人混杂进来，刑罚与奖赏不分明，士大夫之间志向和情趣卑鄙龌龊，无廉耻之心……等到他做了不法之事，那陛下又无法彻底放下偏爱，而让朝臣来讨论他，让司法来评判他，因此不能整顿纲纪……隐藏做坏事的人，而又不逮捕进监狱，名义上降职，实际上帮他免于受罚。这虽然是宰相曲意包庇袒护亲近之人，以欺骗陛下，但我私下揣测陛下并不是全然不知道那些欺骗的人，想必是认为人情有所私心……却不知道他破坏了纲纪，朝廷上不整顿纲纪，因此民间的风气随之败坏……而把不分对错、不问是非当作自己的计谋成功……只有自己的私心……没有廉耻之心……不再知道忠义、名誉与节操的可贵……一旦有刚毅正直、守道循理的人出现在他们之间，就群体非议、排斥他，说他是信奉道学的人，并给他安上违逆常情的罪名……排斥摈弃、诋毁侮辱，一定要使他没有安身之地然后才停止……还有更甚者，竟敢公开声称，说陛下曾说现在天下没有什么变故，就算有为维护节义而死的人，又有何用……这样的人在患难面前能将生死置之度外……在患难面前能竭尽忠节……那么朝上君心端正，民间风气优良，足以摧折奸邪的萌芽，消除祸害的根源……而专门选用那种没有规矩、没有学问、看重官位俸禄、不重视名声与道义的人，以为不用违逆常情而尊重宠幸他，因此纲纪一天天败坏，风气一天天沦落，不同寻常的祸害藏在于不知不觉之中。一旦考虑不及发生事变，平时所用的人拱手投降叛变而没有一个人可以共患难，然后之前抛弃没有重用的人才开始显示出他们的忠义之节……小人敢假借帝王的诏令掩盖其奸邪，而这种祸害足以让天下忠臣义士的气势丧失，这怎么能不让人痛心疾首……要反省自己并急需改革……

原典

则民力之未裕，生于私心之未克，而宰相台谏失职也。军政之未修，生于私心之未克，而近习得以谋帅也……监司郡守……不复问其政教设施之得失，而一以其能剥民奉上者为贤，于是中外承风，竞为苛急，监司明谕州郡，郡守明谕属邑，不必留心民事，惟务催督财赋。此民力之所以重困之本……(《戊申封事》)

翻译

民力不宽裕，是私心没克制，是宰相台官谏官的失职。军政没有治理，是私心没克制，亲近之人得以成为将帅……监司郡守……不再过问政治与教化措施的得与失，而一味以能剥削百姓侍奉上司的人为贤者，于是朝廷内外都持这种风气，竞相急切，监司明白告示州郡，郡守明白告示属邑，不必关心百姓的事，只要催促督促财货赋税。这就是民力加重困苦的根本原因……

原典

然邪正之验著于外者，莫先于家人而次及于左右，然后有以达于朝廷而及于天下焉……内自禁省，外彻朝廷，二者之间洞然，无有毫发私邪之间。然后发号施令，群听不疑，进贤退奸，众志咸服，纪纲得以振而无侵挠之患，政事得以修而无阿私之失。此所以朝廷百官、六军万民无敢不出于正，而治道毕也……

而陛下之所得以为将帅者，皆庸夫走卒，固不知兵谋师律之为何事，而惟克剥之是先，交结之是图矣。陛下不知其然，而犹望其修明军政，激励士卒,以强国势,岂不误哉……凡此数者,根株深固,枝条广阔,若不可以朝变而夕除者,然究其本,则亦在夫陛下之反诸身耳……(《戊申封事》)

翻译

然而邪恶与正直流露出来,先是感染到家人,然后是身边的人,再到达朝廷之上,最后影响到天下……内至皇宫,外达朝廷,二者之间贯通,没有丝毫偏私邪曲的间隔,这样之后发号施令,大家都听从没有迟疑,进荐贤能之士,罢黜奸人,大家心悦诚服,纲纪就得到了整顿而没有被侵挠的忧患,政事得到治理而不失公正。这是因为朝廷百官、六军万民没有敢不公正的,这样国家就治理好了……

然而陛下选任为将帅的人,都是平庸的人,是只供使唤奔走的差役,根本不知道军事计谋、军队纪律为何事,而只会剥削,图谋勾结。陛下不了解情况,还指望他们修明军政,激励士卒,以增强国势,怎么会不耽误事……这些情况,根深蒂固,枝繁叶茂,无法一朝一夕就改变,然而推究其根本,还是要陛下反省自身……

原典

凡此六事,皆不可缓,而其本在于陛下之一心,一心正则六事无不正……惟陛下深留圣意而亟图之。(《戊申封事》)

翻译

这六件事都不能延缓,但根本在于陛下的心,心正那这六件事就没有不正的……希望陛下能深切关注并尽快谋划。

解析

绍兴三十二年(1162)六月,朱子在《壬午应诏封事》中提出了他的治国方略和抗金计策。他指出,在当时国力衰弱、金人大举进攻的形势下,必须讲学明理,修政强国,明辨利害,定计攘外,方可强国强兵,以图复中兴,如果不及早制定治国、强兵、攘敌之策,而求中兴之业是万万不可能的。

自古以来,治理天下国家者,必有一定不变的计策,而当今之计则是修政事、攘夷狄,即治理国家、抗击金兵,这是简单易明的道理。朱子主张将抗金之理申明天下,讲清利害,罢黜和议,追回使者,不与金和。还要做到从今以后,闭关绝约,任贤使能,励精图治,立纪纲,厉风俗,修政事于内,攘夷狄于外,居安思危,不可自安,不能迁就,积极奋进。从而使将相军民,远近内外,全国上下,相互激励,共同抗金,以图事功。如此几年,志定气饱,国富兵强。再视敌我势力之强弱,伺机图之,方可收回中原故地,这要比讲和求地,苟且图存,侥幸偷生好上千百倍。

淳熙十五年(1188)十一月,朱子上《戊申封事》,全文长达一万多字。朱子首先全面、透彻地揭露、批判了社会现实,指出国病沉重及产生的原因是孝宗不肯修身齐家,纵容内侍、佞臣相互勾结为奸。接着,朱子指出天下大事以正君心为本,提出治国主张,要措置六大当务之急。

对于"辅翼太子",朱子认为要给太子选一个优秀的老师,在教导过程中要注重扶正太子之心,方能在继位后使国家安定,社稷永远稳固。

对于"选任大臣",朱子首先批评当时朝廷的不少大臣都是极其平庸之辈,平日里只会做些日常事务,以维持自己的职位,能力如小官吏一般;只有贤才才能辅圣德、修朝政而振纪纲,而坏才只会营私舞弊、乱政误国,特别指出秦桧晚年塞贤路、蔽主心、坏纲纪,而使天下受其弊。因此,对于选用人才的原则是要亲贤人,远小人,以德才取人。

对于"振举纲维""变化风俗",朱子指责皇上忠奸不分,包庇坏人,批评朝中官官相护,欺上瞒下,纲纪挠败,影响极坏。严厉抨击弄权小人与反理学派勾结,谋私作恶,不仅使纲纪不振,而且诋辱忠义名节,滋长歪风邪气,极力提醒皇上,如果不树立社会正气,不任用伏节死义之士,而是让一些道德败坏、不学无术之人矫激取宠,那么将存在重大隐患,一旦突发事端,则无人挺身而出,国家就危难了。

对于"爱养民力""修明军政",朱子从行政、军事、经济等多方面痛斥朝廷弊病,即重赋苛民,用人不公,军队腐败,并要皇上正心诚意急切治理。

朱子在《戊申封事》中还说君主要做到心正,上正才能下正,一定要教育家人、左右、朝廷内外都要正，这样才能治好国家。最后，朱子以忠君忧国之心，再一次激烈批评孝宗至今仍沉溺于佛老玄说和笃信功利俗说，苦劝皇上施行《大学》之道，正心诚意，治国平天下。

朱子在全面陈述富国强兵、兴利除弊、抗金复国之策的同时，还对军中之弊、布防之失进行了揭露，表达了自己的担忧之情。他目睹当时军中之弊、将帅之失、形势之危，故深以为忧，企望孝宗深留其意，急隐其弊，挽救危急形势，以免重蹈覆辙。

爱国主义是一个历史范畴，各个时代的爱国主义既一脉相承，又不断丰富与发展。在不同的历史时期，不同的历史环境下，有着不同的社会矛盾，爱国主义的具体内涵表现也不尽相同。正如江泽民同志在《爱国主义和我国知识分子的使命》中指出的，爱国主义范畴具有历史性和要与广大人民根本利益相联系的两个维度。朱子的爱国精神当然不可避免地具有历史局限性，但在国家危难面前，他毅然与国家前途命运相始终，奔走呼号于时代的前沿，关心政事，指摘时弊。心忧国家，关爱百姓，体现出高尚的道德节操。朱子的爱国思想为培育中华民族爱国主义精神做出了卓越贡献。

爱国主义一直是鼓舞中华民族团结一致的奋斗旗帜，是推动中华民族历史前进的强大力量；爱国主义是中华民族最深厚的民族感情，也是中华文化的基本价值。爱国主义精神源远流长，内涵不断丰富，积淀成具有中国本土特点、在今日之中国依然具有强大凝聚力和吸引力的高尚情操。党的十八大将爱国作为社会主义核心价值观中公民个人层面的价值标准，是公民最基本的价值准则。当代的爱国主义要同“两个一百年”奋斗目标和中华民族伟大复兴的中国梦相一致，与时代旋律相合拍，与人民的诉求相呼应。实现中国梦是我们中华民族团结奋斗的最大公约数，促进中国梦的实现就是新时代爱国主义的鲜明主题。

敬业

——敬业是知得此是合当如此做

敬业是我国社会主义核心价值观的内容之一，其于现代汉语而言，则如《现代汉语词典（第七版）》所述："专心致力于学业或工作。"不过其词并非现代才有，而是有着悠久的历史。从词源的视角看，《说文解字》说："敬，肃也。从攴苟。"段玉裁注："肃部曰：'肃者，持事振敬也。'与此为转注。心部曰：'忠，敬也。憼，敬也。憼，敬也。恭，肃也。惰，不敬也。'义皆相足。后儒或云：'主一无适为敬。'夫主一与敬义无涉，且文子曰：'一也者，无适之道。'淮南诠言曰：'一者，万物之本也，无敌之道也。'适，即敌字，非他往之谓。"

所谓后儒是指朱子而言，正如陈淳所说："程子谓'主一之谓敬，无适之谓一'，文公合而言之，曰'主一无适之谓敬'，尤分晓。"（《北溪字义》卷上）只是段玉裁仅从字义的视角考察程朱学派的学术观点，尚未从思想史的视角来考察，故从前述现代汉语的解释来看，程朱学派的观点已然成为"敬"字的核心内涵。不过作为语言文字学家，段玉裁治学是非常严谨的，虽存有乾嘉汉学家轻视宋儒观点的门户之见，但是客观地说清楚了"敬"字的字义发展演变过程，即大体呈现出两个大的发展阶段：一是敬在原始字义上是肃的意义，也是忠的意义，即做事的心态；二是敬在宋代以后，演变成做事集中于一件事方面的态度。

至于"业"，《说文解字》载："业，大版也。所以饰县钟鼓捷业，如锯齿，以白画之。象其鉏铻相承也。从丵。"段玉裁注曰："凡程功积事言业者，如版上之刻，往往可计数也。"那么"业"的内涵就是指在某方面做出贡献。

与两字各自词源相关，"敬业"一词最早出现于《礼记·学记》，其云："一年，视离经辨志；三年，视敬业乐群；五年，视博习亲师；七年，视论学取友，谓之小成。”朱子在《仪礼经传通解》有按语：“敬业者，专心致志以事其业也。”可见朱子认为专心致志于自己所从事工作的人就是敬业的人，这与前述《现代汉语词典（第七版）》的注释已经完全一致了。朱子对于敬业的具体表述及如何“专心致志以事其业”有着更为详细的论述与实践，兹述如下。

由前述可知，朱子将“主一”与“无适”两者作为“敬”的核心内涵，这是由朱子对世界的认识所决定的，也是由朱子学术思想方法所决定的。

一、理是朱子敬业观的理论基础

理是万物的本源，是事物运行的内在规则，也是处理万事万物要遵循的基本原则。其在形式上的表现特征是理一分殊，根本在于理一，如陈淳说：“理无形状，如何见得？只是事物上一个当然之则便是理。‘则’是准则、法则，有个确定不易底意。只是事物上正当合做处便是‘当然’，即这恰好，无过些，亦无不及些，便是‘则’。”“理乃是在物之理。”“理是在物当然之则。”（《北溪字义》卷下）正因理一分殊的表现形式，学者必须从万殊之中探究事物之理，才能真正获得理一的运行方式，故理是朱子敬业观的理论基础。

原典

问理与气。曰：“伊川说得好，曰：‘理一分殊。’合天地万物而言，只是一个理；及在人，则又各自有一个理。”（《朱子语类》卷第一）

翻译

有学生问理和气的关系。朱子说：“对二者关系，程颐先生说得很到位，他说：‘理是万物的源头——一，分散到万物身上各呈现各自特点——殊。’那么将此放到天地万物来看，全部只是一个理在其中起支配作用。放到个人方面来说，每个人身上又都有一个理在主导人的各项行为。”

原典

或问理一分殊。曰：“圣人未尝言理一，多只言分殊，盖能于分殊中事事物物头头项项理会得其当然,然后方知理本一贯。不知万殊,各有一理而徒言理一,不知理一在何处。圣人千言万语教人学者,终身从事只是理会这个要得事事物物头头件件各知其所当然而得其所当然,只此便是理一矣。如颜子颖悟,闻一知十,固不甚费力。曾子之鲁,逐件逐事一一根究着落到底,孔子见他用功如此,故告以吾道一以贯之。若曾子元不曾理会得万殊之理,则所谓一贯者,贯个什么?盖曾子知万事各有一理而未知万理本乎一理,故圣人指以语之,曾子是以言下有发出忠恕二字,太煞分明。且如礼仪三百,威仪三千,是许多事要理会做甚么,如《曾子问》一篇,问礼之曲折如此,便是理会得川流处,方见得敦化处耳。孔子于乡党,从容乎,此者也。学者戒谨恐惧而谨独,所以存省乎此者也。格物者,穷究乎此者也。致知者,真知乎此者也。能如此着实用功,即如此着实到那田地而理一之理,自森然其中,一一皆实不虚头说矣。"(《朱子语类》卷第二十七)

翻译

有学生问"理一分殊"的内容。朱子回答说:"儒家圣人没有说过理一的情况,大多是说分殊的情形,大概是从分殊的各事各物的各项具体情况梳理清楚,也就知道其内在情形,过后才知道理本来是一贯的情形。不知道万殊的具体事物,各事物内有一理却只说理是一,不知道理一体现在哪个地方。圣人用千万的语言教人,只是要学习者从事研究各种事物具体的各项内在规则,只是这样便是理一的内涵了。比如孔子弟子颜回聪慧,学习了一个就知道十个类似事项,当然不用花费很大力气。曾子迟钝,每件事逐件去做得清楚,孔子见他这么用功,所以告诉他我的学术思想有个一贯的原则。如果像曾子原来不曾理会探究具体事物内在之理,那么所说的一贯,是要贯通什么呢?大概曾子知道了万事中各有一个理却未清楚万物的理本于一理,所以圣人将此理指出来,曾子因此明白说出'忠恕'二字是孔子思想的理一,非常清楚明白了。况且像大的礼仪有三百种,具体礼仪内容有三千个,这当中许多事项需要知道怎么做,比如《曾子问》一篇,咨询礼的内在详细内容,便是知道大的道理,才知道如何教化百姓。孔子对乡党非常从容,这是遵循礼仪的原因。每天谨慎恐惧又能无时无刻不要求自己,所以能够时刻警醒自身。格物,是要在这方面探究万事以达到极致状态。致知,是要达到真知道处理事项的方法。能够像这样努力做事,那么就能够真正达到理一的状态,这种情况自然处于其中,也就每样符合一理而非空说道理了。”

原典

问:“格物虽是格天下万物之理,天地之高深,鬼神之幽显,微而至于一草一木之间,物物皆格,然后可也。然而用工之始,伊川所谓‘莫若察之吾身者为急’,不知一身之中,当如何用力,莫亦随事而致察否?”曰:“次第亦是如此。但如今且从头做将去。若初学,又如何便去讨天地高深、鬼神幽显得?且如人说一件事,明日得工夫时,也便去做了。逐一件理会去,久之自然贯通。但除了不是当闲底物事,皆当格也。”又曰:“物既格,则知自至。”(《朱子语类》卷第十八)

翻译

有学生问:“格物虽然是格天下万物的理,天地的高深,鬼神的幽显,微小到一株草、一棵树的当中去,每样事物都去探究,这样就可以了。这样在用工夫的开始,正如程颐所说:‘不如先从自身身上最重要事先做起。’不知道自身当中,应当怎么用力,不若也随事情出现而来观察吗?”朱子回答说:“做事的顺序也是如此。但现在要先从头开始做去。假如是初学者,又该怎么去研讨天地的高深、鬼神的幽显呢?况且如人说了一件事,明天有工夫的时候,也就去做了。每件事按照顺序逐一做去,时间长了自然能够贯通。但除了不是无聊的事情,都应该去处理探究。”朱子又说:“事物去探究了,知识自然就获得了。”

解析

万物都有理,但是万物的理都是源于理一,而理一的状态则是通过万物的各有特点的理来呈现出来,那么要获得万物的内在之理则必须逐一去理会事物的内在之理,从而最后能够形成对理一的认识。故理一是通过格物致知方能实现，而格物的过程是穷究事物的过程，也就是需要“逐件逐事一一根究着落到底”，其对做任何事情都是贯通的，如前述曾子对礼仪的研究过程，就是如此。对于其他读书过程，也是如此。朱子说：“大抵学者读书，务要穷究。‘道问学’是大事。要识得道理去做人。大凡看书，要看了又看，逐段、逐句、逐字理会，仍参诸解、传，说教通透，使道理与自家心相肯，方得。读书要自家道理浃洽透彻。杜元凯云：‘优而柔之，使自求之；厌而饫之，使自趋之。若江海之浸，膏泽之润，涣然冰释，怡然理顺，然后为得也。’”(《朱子语类》卷第十)读书需要一字一句一段一篇逐步读懂读通，方能真切体会典籍的内涵，这才能够将典籍的内涵贯彻于自身的具体实践之中。而这仅是处理万殊的一种情况，只有逐步处理好诸多典籍内容，方能够获悉全部典籍的核心内涵，这必然要求读书者要沉心静气花功夫来读书，方能真正获得所需要的知识。

正是通过每件事情的逐步处理，获悉每样事物的内在规律，才能为后面推及理一的工作提供扎实的基础，否则就会导致瞻前顾后而不得一物的规律的结局。故为了获得事物的内在规律，自然需要专心从事某项工作而获得其规律，再通过诸多事物规律，获得理一的真正内涵，否则其后果就是诸事无成，如朱子所说：“若平常遇事，这一件理会未透，又理会第二件；第二件理会未得，又理会第三件；恁地终身不长进。”(《朱子语类》卷第十八)

二、敬是一种修心工夫，敬业则是成功的前提

在获悉理一的过程中，需要处理千千万万的事项，这就要求每个学者树立目标之后，为之努力，不能半途而废。但是要坚持每样事物都探究清楚，再着手后续事项，其所做事项不仅是一个人学问知识积累的过程，更是一个人心性磨砺的过程，故在朱子的思想中，敬更是一种修心的工夫。持敬工夫不仅能够帮助学者在事业当中寻找应对的具体对策，再克服困难，更在心理上藐视困难迎难而上，从而养成强大的内在抗压能力。

原典

或云："《论语》不如《中庸》。"曰："只是一理，若看得透，方知无异。《论语》是每日零碎问，譬如大海也是水，一勺也是水。所说千言万语，皆是一理。须是透得，则推之其它，道理皆通。"又曰："圣贤所说只一般，只是一个'择善固执之'。《论语》则说'学而时习之'，《孟子》则说'明善诚身'，下得字各自精细。真实工夫只一般，须是知其所以不同，方知其所谓同也。而今须是穷究得一物事透彻，方知。如入个门，方知门里房舍间架。若不亲入其门户，在外遥望说我皆知得，则门里事如何知得。"(《朱子语类》卷第十九)

翻译

有学生说："《论语》不如《中庸》。"朱子说："两者只是同一理，如果看得透彻，才能知道二者没有区别。《论语》是每天零碎问题，就像大海也是水，一勺水也是水。所说千言万语，都是一理。须是透彻理解，那么推广到其他事物上，道理也都通透了。"又说："圣贤所说道理都只是一般性内容，只是一个'择善固执之'的内涵而已。在《论语》当中，孔子说'学而时习之'，在《孟子》当中，说'明善诚身'，只是随具体情境说法有不同，在表述方面，都有各自精细的地方。其实自我修养的工夫只是一般性的内容而已，需要全部清楚它们之间的不同情境，才能知道它们之间的共同点。而现在需要穷究一物事，全都透彻了解，才能知道里面的情况。好像进个门，才知道门里房间架构情况。如果不亲自进入门内，仅在门外远看眺望，就说我都知道了，则门内的事怎么知道得清楚呢？"

解析

《论语》与《孟子》是儒家的两部经典作品，风格却截然不同，但是它们所阐述的道理却是高度一致的，故朱子将二者的内在理作为一致的情形来看待，而要完全弄清楚二者的共同特征，就需要学者逐一将两部儒家典籍全部研究清楚，才能知道它们的内在共同之理，否则学者只是看到外在语言组织情况，就像站在门外，被门挡着视线，却幻想着门内的房子格局。朱子在此强调一个非常重要的原则，即要穷究一个事物才能真正知道一个事物内部的具体情况，也才具有了后续推及其他事物的基础，并且通过一件一件地穷究事物，也才能知道各事物内在之理，从而为后续的"择善固执之"提供基础。

在上述的一件一件地穷究事物过程中，定然存在困难与外在诱惑，这就需要有敬业的精神。这又表现在抵抗外在诱惑与提升内在抗压性两方面：

在抵抗外在诱惑方面，需要通过敬业的精神来排除干扰因素，砥砺前行。陈淳说："人心妙不可测，出入无时，莫知其乡。敬所以主宰统摄。若无个敬，便都不见了。惟敬，便存在这里。所谓敬者无他，只是此心常存在这里，不走作，不散慢，常恁地惺惺，便是敬。"(《北溪字义》卷上)这是以敬作为看住自我底线的方式，因为通过敬，学者能够专心于一件事，而不再关注其余事项，这自然就能够不被其余无关事项吸引。这种思想正是源于朱子的思想，即"怠惰放肆为不敬"(《朱子语类》卷第六)，而敬则是一种心理状态，即"敬非别是一事，常唤醒此心便是。人每日只鹘鹘突突过了，心都不曾收拾得在里面"(《朱子语类》卷第六)。其最核心的目的就是人要时刻关注某事，也就是要全身心集中于某事，不要改变初心来尽全力做事。正是长久地将内心集中于自己该做之事，则自身自然不会被外在事物吸引，从而抵挡住外在诱惑，由此保持初心。

在提升内在抗压性方面，需要通过敬业的精神来解除困难，战胜困境。抵挡住外在诱惑，仅是成功的基础而已，并不一定能够获得成功，还需要将敬放置于自身内心世界的第一位，从而克服内外困境。《北溪字义》载："程子就人心做工夫处，特注意此字。盖以此道理贯动静，彻表里，一始终，本无界限。闲静无事时也用敬，应事接物时也用敬。心在里面也如此，动出于外来做事也如此。初头做事也如此，做到末梢也如此。此心常无间断，才间断便不敬。"

陈淳总结了程朱学派以敬作为修心的关键原则，其要有三：一是敬是在有事无事时都要在内心被坚持住，才能避免出现各种心理波动状态；二是思考问题与处理问题，都要保持专心致志状态；三是在处理问题的任何时候，都要坚持从头到尾坚持敬。这就以敬作为人内心的核心精神。事实上,朱子在吸收上述程子思想基础之上,拓展了持敬的应用场合,即将持敬作为内心修行的关键。

原典

学者工夫,唯在居敬、穷理二事。此二事互相发。能穷理,则居敬工夫日益进;能居敬,则穷理工夫日益密。譬如人之两足,左足行,则右足止;右足行,则左足止。又如一物悬空中,右抑则左昂,左抑则右昂,其实只是一事。(《朱子语类》卷第九)

翻译

学者的修身工夫,唯在居敬、穷理二事上。这两件事互相发明影响。能够穷尽事物之理,那么居处持敬的工夫每日都在精进;能够居处持敬,那么穷敬事物之理的工夫每日都会更精密。这就像人的两条腿,当左脚走,那么右脚停;右脚走,那么左脚停。也像一个物品悬挂空中,将其向右按下去,左边翘起来,左边按下去,右边翘起来,其实都是相同规律而已。

解析

朱子以居敬、穷理作为学者修心工夫的两大内容,其重在论述两者不可或缺的关系,而居敬是穷理工夫能够不断精密的基础。但事实上,居敬比穷理更为重要,因为穷理仅是属于技术上的知识认识水平而已,居敬则是自己内心的修养工夫,更具根本,故朱子说:“持敬是穷理之本。穷得理明,又是养心之助。”(《朱子语类》卷第九)持敬的内心状态是穷理能否推行的基础,而获得规律性认识,当然有助于提升主体的素质。这就是敬对人处理问题能力培养的关键所在。

原典

致知、敬、克己,此三事,以一家譬之:敬是守门户之人,克己则是拒盗,致知却是去推察自家与外来底事。伊川言:“涵养须用敬,进学则在致知。”

不言克己。盖敬胜百邪,便自有克,如诚则便不消言闲邪之意。犹善守门户,则与拒盗便是一等事,不消更言别有拒盗底。若以涵养对克己言之,则各作一事亦可。涵养,则譬如将息;克己,则譬如服药去病。盖将息不到,然后服药。将息到则自无病,何消服药。能纯于敬,则自无邪僻,何用克己。若有邪僻,只是敬心不纯,只可责敬。故敬则无己可克,乃敬之效。若初学,则须是功夫都到,无所不用其极。(《朱子语类》卷第九)

翻译

致知、敬、克己,这三件事,以一个家庭来比喻:敬是把守门户的人,克己是抵抗盗贼的人,致知却是去推察自己家庭与外来事务的人。程颐说"涵养须用敬,进学则在致知",不说克己。大概是敬能够战胜百邪,也就能够战胜自己的欲望与不足,比如做到真诚就不用说去阻挡邪祟了。只要固守门户,那么就和抵抗盗贼是一样的效果,不用再去说另有抵抗盗贼的情况。如果以涵养对克制自己的欲望与不足,那么各看作不同事也可以。涵养,比如休养;克己,比如吃药看病。大概休养不能达到效果,之后再吃药。休养到了就自然没有病症,何必还要吃药。能够在敬方面达到醇正程度,那么就没有邪僻思想入侵。如果是初学者,就必须通过练习到达这个程度,达到极致才能产生效果。

解析

朱子认为,敬是修心之首,也是学习规律和纠正自身问题的根本方法,具体可分为三方面:一是敬是守住自身内心原则的基础,也是正确处理内外事务的基础;二是敬是剔除各类负面影响因素的根本方法,即遇到邪僻之事,只能以敬来解决;三是敬是涵养与克己工夫的守护者,更是致知的领航人,即只有真正持敬方能将涵养进行到底,也只有持敬不到位,才需要克己来弥补不足。

由此可见,持敬在个人修养方面具有根本性地位,正如陈淳所说:"格物致知也须敬,诚意正心修身也须敬,齐家治国平天下也须敬。敬者,一心之主宰,万事之根本。"(《北溪字义》卷上)

三、敬业的首要实现条件是立大志

敬是一个人内在固守底线的思维，其力量强弱源于主体自身的精神力，而影响其力量的关键因素是志向。朱子说："志是从之从心，乃是心之所之。"（《朱子语类》卷第一）其不仅具有引导人的精神状态的作用，更决定一个人所有的精神力量。敬业的程度源于个人对理想目标的实现动机强弱的程度，故立大志是敬业精神得以实现的首要条件，也是最重要的思想精神因素。

原典

心之所之谓之志……志是心之所之，一直去底。意又是志之经营往来底，那是志底脚。凡营为、谋度、往来，皆意也。所以横渠云："志公而意私。"……情又是意底骨子。志与意都属情，"情"字较大。"性、情"字皆从心，所以说"心统性情"。心兼体用而言。性是心之理，情是心之用。（《朱子语类》卷第五）

翻译

心所想要达到的目的就是志的内涵……志是心所想要达到的，一直坚持达到的。意又是志发挥作用的基础，那是志的脚。凡营为、谋度、往来，都是意。所以横渠先生（张载）说："志具有公共外在的特征，而意是私底下的潜在的特征。"……情是意的骨干内容。志和意都属于情的范畴。"情"字范围较大，"性、情"字都是从心，所以说"心统性情"。心是兼行为主体与功效来说的。性是心的内在之理，情是心的功效作用。

解析

这段内容虽短，却内涵丰富，以人体各器官而言，志就是脑袋，起到中枢作用；意是脚，起到支撑志实现的作用；情是骨骼框架，存在于人的每个部分，起到基础支撑作用。而不管是作为脑袋的志，还是作为脚的意，均是骨骼的一部分，即属于情。由此可见，在人的生活之中，志起到关键性作用，引领情的整体走向,也就是决定人的精神力量强弱的关键因素,也是决定敬能否起到看门人作用的关键因素。

朱子强调敬业的作用能否实现,关键在于学者能否真正立志。这是因为立大志向能够充分调动学者的自身积极性,从而强化敬业的精神强度与主观能动性。

原典

世俗之学,所以与圣贤不同者,亦不难见。圣贤直是真个去做,说正心,直要心正;说诚意,直要意诚;修身齐家,皆非空言。今之学者说正心,但将正心吟咏一饷;说诚意,又将诚意吟咏一饷;说修身,又将圣贤许多说修身处讽诵而已。或掇拾言语,缀缉时文。如此为学,却于自家身上有何交涉?这里须用着意理会。今之朋友,固有乐闻圣贤之学,而终不能去世俗之陋者,无他,只是志不立尔。学者大要立志,才学,便要做圣人是也。(《朱子语类》卷第八)

翻译

世俗普通学问,和圣贤不同之处,也不难看出来。圣贤就是真去做事,说正心,就是要正心;说诚意,直接就要意诚;修身齐家,都不是说空话。现如今学者说正心,只是将正心大声空说几遍;说诚意,又是将诚意大声空说几遍;说修身,又是将圣贤许多涉及修身理论朗诵几遍。或者拾掇语言,连缀成时文。这样来做学问,对自身有什么好处呢?这里面须要深入思考两类的异同。当今的学者,虽有喜欢听闻圣贤的学术思想,却终究不免世俗陋习的人,没有其他缘故,只是没有立志罢了。学者要将立志作为大事来处理,才开始学习,便要以做圣人作为自己的志向才对。

解析

立志才能真正强化敬业的精神强度。世俗之学与圣贤之学的差异根源在于是否立志,即有立志,就能够克服各类困难,将自己所设想的计划落实到具体实处,没有立志则会有各种投机取巧的应对方法而偏离预期的目标。

朱子说："学者大要立志。所谓志者，不道将这些意气去盖他人，只是直截要学尧、舜。……学者立志，须教勇猛，自当有进。志不足以有为，此学者之大病。"(《朱子语类》卷第八)正是学者立志的坚定程度，决定了一个人的后续发展，而所立志向过小，自然也会拖累后续的人生发展方向与发展进度。故立大志为尧、舜，后续自然会有大发展。朱子说："立志要如饥渴之于饮食。才有悠悠，便是志不立。"(《朱子语类》卷第八)立志之后，会驱使人自身前进，正如饥渴之时想着吃饭的强烈动力，而没有志向，就会呈现悠悠状态，使其精神处于泛散无神之态。

原典

问："程先生所说，格物之要，在以诚敬为主。胡氏说致知、格物，又要'立志以定其本'，如何？"曰："此程先生说得为人切处。古人由小便学来，如'视无诳'，如'洒扫、应对、进退'，皆是小年从小学，教他都是诚敬。今人小学都不曾去学，却欲便从大学做去。且如今格一物，若自家不诚不敬，才格不到，便弃了，又如何了得。工夫如何成得。"又云："程先生云：'主一之谓敬。'此理又深。"又说："今人所作所为，皆缘是不去立志。若志不立，又如何去学，又如何去致知、格物中做得事。立志之说甚好。非止为读书说，一切之事皆要立志。"(《朱子语类》卷第十八)

翻译

有学生问："程颐先生所说内容，格物的关键点在于以诚和敬为主。胡宏说致知、格物，又要'立志以定其本'，怎么理解呢？"朱子说："这是程颐先生说得最契合人的实际情况。古人从小便在学，如'看东西不能狂惮'，比如'洒扫、应对、进退'，都是从小开始从小事开始学起，教导他都要诚敬。现在人小学都没有去学过，却要从大学开始做。况且像现在探究一物，如果自家没有诚，也没有敬，还没有探究到，就放弃了努力，又怎么能够获悉内在内容？做事的本事怎么能够获得？"朱子又说："程颐先生说：'主一之谓敬。'这个道理很深刻。"朱子又说："当下人所作所为，都源于不去树立志向。如果志向没有树立起来，又怎么去学习呢？又怎么去提升自身素质及在探究事物之中把事情做好呢？树立志向的说法很好。不只是针对读书来说的，做所有的事情都要树立志向，才能获得成功。”

解析

立志能够保障敬业的落实情况。面对学生的提问，朱子从诚敬与格物致知的关系、格物致知与立志的关系来回答，其要有二：一是诚敬是实现格物致知的必要条件，即没有诚敬，一遇到困难就会放弃格物致知。二是格物致知的首要落实条件是要立志。诚敬与立志之间，又主要是以居敬为日常心理状态，立志为整体的行动主体，前者重在于监督后者的落实方向与执行力度，后者则是前者实现的载体。立志是把控主体行为方向的力量，而居敬则是保持其志的力量强度与方向的关键因素。与之相对，居敬的程度也需要通过立志来呈现，即是否居敬的标准在于是否落实立志的目标。

综上所述，敬业的思想源于朱子的理一分殊的理念，人在敬业的修行之中提升自身的综合素质，为事业的成功提供了坚实的基础。若要长期坚持真正的敬业精神，则需要立大志向。

诚信

——诚者，真实无妄之谓

诚信是传统中华文化的重要美德，可以追溯到先秦的儒家思想。儒家的诚信伦理强调诚信作为内在的德性，必须有纯正和良善的动机，是个人德性养成的重要品质之一。朱子系统阐释了儒学的诚信观，建立了儒家诚信的道德哲学。在“天人合一”的学术传统下，诚信的实践包含了天道与人道的结合。诚信不仅是天道的自然法则，也是人间秩序的应然规范。朱子说：“诚，实也。意者，心之所发也。实其心之所发，欲其一于善而无自欺也。”(《大学章句》)朱子的解释非常经典，也为后世的学者所继承。“诚”意指人内心的真实状态，表现为人的外在言行、品德情操等。“信”意指人对自己的言语、承诺和誓言等，都能从内心表现出由衷的坚持和信守。理解朱子的诚信观的基本内容，可以帮助我们认识社会主义核心价值观的历史渊源及其文化支撑，有助于进一步推动优秀传统文化的传承与创新发展。

一、朱子诚信思想的产生背景

宋代建立以前的唐末五代十国是一个政治混乱、道德沦丧，诈欺无序、诚信缺失的历史时期。

首先是纲常失序。纲常是古代社会最重视的价值体系。常言道“纲常不可一日而亡于天下”，君臣本是道义的结合，父子有着不可分割的血亲关系，君臣和父子关系向来被视为最根本和恒定的伦理秩序。但是在唐末五代时期，为了权位、利益可以弑君杀父。短短的五代时期，在53年间更替了5个王朝，13任的君主有8位被弑。子弑其父，臣弑其君，勾结外族篡位，如欧阳修所描述的：“君君臣臣、父父子子道乖，而宗庙、朝廷、人鬼皆失其序。”

可以看到政治伦理、家庭伦理的秩序受到了严重的扭曲，上至朝廷，下至黎民百姓的日常生活都失去了原有的秩序。按理来说，国家的君王和朝廷的百官应当作为社会的表率，就像天上的北极星一样，是人们学习和效法的对象，唐末五代在政治上的混乱和人伦的失序造成了社会极度的不安定，人们深刻感受到价值体系崩溃后的无所适从。

其次，强权就是公理，诚信沦丧。从唐末的安史之乱、五代藩镇割据，乃至于宋代开国君主的陈桥兵变，处处显示着强权凌驾公义。不重道义，强者为王的时代，就连藩镇都敢公然宣称："天子，兵强马壮者当为之，宁有种乎耶？"

为了避免政治纷扰，社会能够长治久安，宋代吸取历史教训，将社会伦常规范的重建视为首要的任务。朱子的诚信思想就是在这样的背景下形成的。

二、朱子诚信观的基本内涵

朱子的诚信观主要见于他对儒家经典的注释，以及朱子和弟子门人的讨论记录，前者包括《四书章句集注》《通书解》，后者主要见于《朱子语类》。

原典

诚者，真实无妄之谓，天理之本然也。诚之者，未能真实无妄，而欲其真实无妄之谓，人事之当然也。（《中庸章句》）

天地之道，可一言而尽，不过曰诚而已。（《中庸章句》）

凡人所以立身行己，应事接物，莫大乎诚敬。诚者何？不自欺不妄之谓也。（《朱子语类》卷一百一十九）

诚只是个朴直悫实，不欺诳。（《朱子语类》卷一百一十三）

信，实也。实是有此，论其体，则实是有仁、义、礼、智，论其用，则实是有恻隐、羞恶、恭敬、是非，更假伪不得。（《朱子语类》卷十四）

翻译

诚者,意指真实不虚伪,如天理之流行,自然而然。诚之者,意指人伦之道应当效法天道(天理)之真实自然,凡有虚妄不实之处,应当自我省察,敦促自我要能够修养改过,使内心能够经常保持真诚,没有一丝一毫的虚伪。

天地自然运行的道理,如果要浓缩成一个概念来概括,那就是个诚字。

立身处事,待人接物,诚敬是首要原则。什么是诚呢?诚就是要能够做到不自欺,没有假伪。

诚就是正直、朴实,不欺瞒人。

信是真实、实在,确实如此的意思,论其体则有仁、义、礼、智,论其用则有恻隐之心、羞恶之心、恭敬之心、是非之心,没有丝毫假伪。

解析

人们常用“一诺千金”来说明诚信的价值。事实上,“诚”和“信”在古代是两个字义相近而内涵又有差异的概念。“诚”强调“内诚于心”,属于道德范畴,强调个人的内在的自律性和自觉精神。“信”是要求能“外信于人”,是伦理的范畴,重视人要能遵循言行一致的社会规范。依此,诚信包含了两个层面的要求,一方面是内在的,对于自我的要求,要能够做到不自欺,不欺人。另一方面是外在的,对于自我与他人的关系,要能够信守承诺的伦理规范。

儒家在许多重要的经典当中提及诚信的主题。例如,在《论语》有 38 处提到“信”字,例如“敬事而信”“主忠信”(《论语·学而》),“信则人任焉”(《论语·阳货》),“人而无信,不知其可也。大车无輗,小车无軏,其何以行之哉”(《论语·为政》),“民无信不立”(《论语·颜渊》)。这些内容大多强调君子立身处世要能言行一致,诚实不欺。讲信用是社会交往的重要伦理准则,就像俗话讲的,“民无信不立,国无信不威”。孔子认为,人要是失去了信用或不讲信用,这样的人人们不乐意与他交往,不知道他将来还能有什么样的作为?孔子强调诚信是一个人安身立命的基础,缺乏诚信将无法在社会立足。

孟子最早将“诚”纳入伦理学领域,“诚者,天之道也;思诚者,人之道也。”(《孟子·离娄上》)孟子向“诚”赋予形上的意义,将“诚”视为天之道,肯定“诚”具有超越性和普遍性,是古往今来的人类社会都应该共同遵守的伦理法则。既然如此,那么社会中的每一个人就应该设法遵循实践“诚”的伦理法则。对于孟子来说,实践“诚”的伦理法则就是“人之道”。“思诚”的意思就是要能够把这件事放在心上,并以此勉励自己,敦促自己实践“诚”的法则。此外,《礼记·乐记》提出了“著诚去伪”的观念,强调教育的作用,就是要让受教育者彰显诚信的品德,去除狡诈虚伪的不良品质。从这些经典当中,可以看到儒家非常重视诚信的课题。

诚信对国家的治理也有不可或缺的重要性。子贡曾经向孔子请教治国之道,孔子提出了三个要点,他说:“足食,足兵,民信之矣。”这三个要点分别是要有充足的粮食储备,有足够的军事防卫力量,以及有人民的信任。子贡接着问,如果要去掉其中的一个,要拿掉哪一个呢?孔子说:“去兵。”子贡接着问,如果实在不得已,还要再去掉一个呢?孔子说:“去食。”为什么呢?孔子接着说:“自古皆有死,民无信不立。”(《论语·颜渊》)孔子认为,人生难免一死,世界上没有人能够逃过死亡,但是一个国家如果没有人民的信任,将无法存续和运作。确实,从国家治理的层面来说,诚信是政府取信于民的关键,没有诚信的政府,国家将无法正常运作,政权也可能因此覆灭。

除了诚信,儒家也非常强调忠信。“忠”指尽职忠君。孔子和鲁定公曾有一段著名的对话:“定公问:‘君使臣,臣事君,如之何?’孔子对曰:‘君使臣以礼,臣事君以忠。’”(《论语·八佾》)关于忠的含义,朱子的解释是“尽己之谓忠”(《论语集注》)。儒家将“忠”和“信”联系起来,视之为人安身立命的根本。“忠者何?不欺之谓也;信者何?不妄之谓也。……总其实而言之,不过良心之存,诚实无伪,斯可谓之忠信矣。”(《陆九渊集》)张载提出“诚善于心之谓信”(《正蒙·中正》)。从这里可以看到儒家非常重视忠信,以此作为君子和小人的分野。儒家的忠信观,主张对君(国)尽忠,国家对百姓要言而有信。所谓“信,国之宝也,民之所庇也”(《左传》),“道千乘之国,敬事而信”(《论语·学而》)。此外,“与国人交,止于信”(《大学章句》),“与朋友交,言而有信”(《论语·学而》),可以看到儒家将忠信视为伦理交往的基本准则,不管是对于朋友还是对于国家都要能够真诚无欺,真实无妄,立身处世要能够以忠信为本,忠信立身。

朱子继承了先秦儒学的诚信理念,总结各家思想的精华,形成更具思辨性的体系,诚信的内涵也得到进一步的拓展。他说:“诚者,真实无妄之谓,天理之本然也。”(《中庸章句》)“真实无妄”是指真心诚意,不自欺,也不欺人,强调立身处事能够反求诸己,听从良心的指引。可以看到,朱子将“诚”进一步提升到了天理的层次。学生曾向朱子请教“诚”的内涵,朱子的解释是:“诚,实也”,“诚者,合内外之道,便是表里如一,内实如此,外也实如此”(《朱子语类》卷二十三)。《大学章句》中有一段朱子对“诚意”的注解:“诚,实也。意者,心之所发也。实其心之所发,欲其一于善而无自欺也。”朱子认为“诚”包含了真实无妄、对人和对己都应该要诚实不欺、信守承诺等意涵,是为人的基本道德准则。诚是各种德性的基础,诚信的本质力量就在于诚。

先秦儒家强调行为规范的遵守,例如非礼勿视、非礼勿听、非礼勿言、非礼勿动、克己复礼为仁、一日三省吾身等。儒学发展到了宋代,更加强调内心修养的工夫,也就是所谓的“工夫论”。例如,朱子说:“诚与不诚,自慊与自欺,只争这些子毫发之间耳。”(《朱子语类》卷第十六)朱子指出“诚”与“不诚”其实就是内心的一念之差,所以提醒学生要经常自我反省,保持觉察,诚实面对自己。“自慊”是因为自己做的事情是正当的,所以能理直气壮,没有任何的心理负担或良心上的谴责。朱子勉励学生千万不要欺骗自己,“自慊”和“自欺”就是在一念之间的细微差别,然而最终有截然不同的效用。从这里可以看到朱子将修养的工夫,从对于外在行为的规范,深入内心世界的微调和修正。朱子认为重视内心的意念和发用,这才是外在言语和行动的源头,也是善恶的发端之处,所以应该在这个地方多加用功,这个地方就是起心动念之处,是工夫用力的地方。朱子也经常用这个方法勉励学生。此外,朱子也经常强调慎独的重要性,他说:“独者,人所不知而己所独知之地也。”(《大学章句》)朱子提醒学生,要经常观察自己的起心动念,这是人所不知,自己所独知的地方。立诚的方法就是要注意“独”的时候,这个“独”既是指一个人独处的时候,也意指外人所不知的内心活动。在人不知己知的地

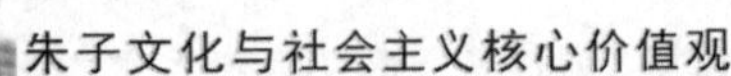

方,也就是能够在起心动念处下功夫。因为道德抉择是人的内心活动,是否真心诚意,只有自己最清楚。能够真心实意面对自己,不自欺,这就是“诚”。对儒家来说,“诚”是天地之道(天理),也是人之道,是自我修养、待人接物、立身处世最重要的准则。所以“仁义礼智信”的实践同样不能只流于口头禅,需要落于实处,才能避免虚仁假义。

三、朱子诚信观的文化价值

朱子相当重视读书与修养,对于诚信的实践,他提出了许多修养的方法。

原典

诚其意者,自修之首也。……欲自修者知为善以去其恶,则当实用其力,而禁止其自欺。(《大学章句》)

所谓诚其意者,毋自欺也,如恶恶臭,如好好色,此之谓自慊。故君子必慎其独也!(《大学章句》)

所谓诚意者,须是隐微显明,小大表里,都一致方得。……为恶于隐微之中,而诈善于显明之地,是所谓自欺以欺人也。(《朱子语类》卷第十六)

此谓诚于中,形于外,故君子必慎其独也。(《大学章句》)

翻译

能够诚实地面对自己,是自我修养最关键的一点。……想要自我修养应当在为善去恶的方面努力下功夫,要诚实面对自己,千万不可自欺。

所谓诚实自己的意念,就是不要自我欺骗。要像厌恶难闻的气味一样,厌恶邪恶;像喜欢美丽的女子一样,喜欢良善,这样便能问心无愧。所以君子即便是独处也要分外谨慎。

所谓意念诚实,是指不论在什么情况,不管是在外人能够看得到的地方,还是自己内心隐微的深处,大大小小、里里外外都要能够使自己的意念保持诚实。如果尽是在没人看得到的地方做坏事,在有人的地方就假装良善,这就是自欺欺人的行为。

一个人内心是否真诚,可以从外在表现看出来,是骗不了人的。所以君子即便是在独处的时候也应该谨慎不苟。

解析

重视心性论和修养论是宋代理学的一大特点。集宋代理学大成的朱子,提出许多修养方法,本节主要介绍朱子讨论立诚修身的实践方法。《大学》是儒家典籍当中最早论述诚信修养思想的篇章,提出了许多修养的方法,有正心、诚意、慎独等。"所谓修身在正其心者,身有所忿懥,则不得其正;有所恐惧,则不得其正;有所好乐,则不得其正;有所忧患,则不得其正。心不在焉,视而不见,听而不闻,食而不知其味。此谓修身在正其心。"(《礼记·大学》)所谓的正心就是能够端正自己的动机,不断强化扩充向善的意志。意志和动机的纯正、实而无欺、不虚伪即是"诚"和"信"。对于《大学》"所谓诚其意者,毋自欺也",朱子的解释是:"深自省察以致其知,痛加剪落以诚其意"(《朱子语类》卷第十五),"实其心之所发,欲其一于善而无自欺也"(《大学章句》)。

儒家还特别重视"慎独"工夫,强调于道德实践的根据,不在于外律的约束,而在于自我的要求。就算是在他人不睹不闻的情境下,你也应该要在"隐"和"微"上下力气,如此一来自然能够人前人后、明里暗里都始终表里如一。

要特别注意的是,在现代的话语体系当中,诚信指的是个人的道德或社会的道德。但在朱子理学的体系当中,诚信不仅是个人和社会的道德,同时也是形上的范畴。朱子透过形而上的解释,肯定诚信作为道德原理在人类社会当中的普遍性。《中庸》说:"诚者,天之道也。诚之者,人之道也。"可以看出儒家肯定诚信哲学的天道论依据。朱子对这段文献也曾经做出解释,认为:"诚者,真实无妄之谓,天理之本然也。诚之者,未能真实无妄,而欲其真实无妄之谓,人事之当然也。"(《中庸章句》)在此,可以看到朱子继承《中庸》的天道论思想。另外,《孟子》说:"诚者,天之道也;思诚者,人之道也。"朱子的注解为:"诚者,理之在我者皆实而无伪,天道之本然也。思诚者,欲此理之在我皆实而无伪,人道之当然也。”(《孟子集注·离娄章句上》)对朱子来说,诚有两个面向:一是天地之间的天道(天理),二是人道(人伦)。“诚在道,为实有之理,在人,为实然之心。”[①]朱子总结为:“天地之道,可一言而尽,不过曰诚而已。”(《中庸章句》)立诚、修诚、思诚的实践,不仅是满足了人事之当然,也符合了天地之道的要求。可以说朱子的修养论,借由“诚”的实践完成了天道与人道的内在统一。

朱子的诚信观在不同的社会生活领域,体现出了不同的文化价值。

首先,诚信是做人的道德准则。

朱子认为:“凡人所以立身行己,应事接物,莫大乎诚敬。”(《朱子语类》卷第一百一十九)人无信不立,诚信可以说是立身处世的基本原则。“与朋友交而不信乎?凡事要当用自家实底心与之交,有便道有,无便道无。”(《朱子语类》卷第二十一)“若人无信,则语言无实,何处行得。处家则不可行于家,处乡党则不可行于乡党。”(《朱子语类》卷第二十四)跟朋友交往也是一样,要经常用诚信的原则,来反思跟朋友的交往,是否诚实守信,不讲虚伪不实在的话。没有诚信则无法在社会上立足行走。

其次,诚信是为政的道德准则。

孔子认为为政之要有三:“足食,足兵,民信之矣。”“民无信不立。”朱子对此进一步说明:“民无食必死,然死者人之所不免,无信,则虽生而无以自立,不若死之为安。故宁死而不失信于民,使民亦宁死而不失信于我也。”(《论语集注·颜渊第十二》)儒家认为相较于充足的粮食和军备,政府对人民之诚信更为根本。此外,朱子也说:“无信,如何做事,如朝更夕改,虽商鞅之徒亦不可为政,要之下面三事,须以敬信为主。”(《朱子语类》卷第二十一)“敬”也是朱子教学时常提到的修养工夫,指保持内心的清明和警醒。这里提到的“敬信”是指要经常自我省察,是否合乎“信”的准则。人与人的关系是如此,政府与人民的关系也应该是如此。

最后,诚信是经商的道德准则。

① 钱穆:《朱子论心之诚》,《朱子学提纲》,生活·读书·新知三联书店2014年版。

朱子经常强调："正其义不谋其利，明其道不计其功。"他认为："利不是不好，但圣人方要言，恐人一向去趋利；方不言，不应是教人去就害，故但罕言之耳。""利谁不要？才专说，便一向向利上去。"（《朱子语类》卷第三十六）"正其义，则利自在；明其道，则功自在。专去计较利害，定未必有利，未必有功。"（《朱子语类》卷第三十七）受到朱子学的影响，明清时期的徽商以诚信作为经商道德准则，在宗法、族规、家训、家规、商帮商规当中常可看到强调"得道义则功利自至"，重视"以诚待人""以信接物""以义为利"，强调重义轻利的商业伦理。徽州的族规通常是由族长和乡绅共同制定的，有时候还会报批官府盖上钤印，以显示族规的权威性和合法性，并悬挂于祠堂或载入族谱。各地的族规虽然略有差异，但大体上以儒家的道德思想为原则，通常是在朱子编纂的《朱子家礼》基础上进一步扩充。家族制度的存在也为明清徽商的族规提供了约束力，个人失信的行为通常最后由家族承担，相关的损失也由家族赔偿。这些具有法律约束力的族规家规，显然有利于商业诚信的开展。从县志的记载也可以看到朱子学的影响，如《绩溪县志续编·硕行》云："新安为朱子阙里，而儒学独茂，岂非得诸私淑者深欤！"[①]在徽州"读朱子之书，服朱子之教，秉朱子之理，以邹鲁之风自待，而以邹鲁之风传子若孙也"[②]。朱子遗风对徽州人民和徽商的影响，也使徽州博得"程朱桑梓之邦"的美誉。

四、朱子诚信观的现代意义

从儒家的观点来看，"诚"和"信"可以说是百德的根基，所有的道德行为都应该是出自真诚和信实，正所谓"有诚方有德"。朱子继承了儒家的诚信思想并进一步发挥，其总结大要如下：(1)确认了诚的内涵："诚者，真实无妄之谓。"（《中庸章句》）(2)提升诚的地位至与"理"无二致。"诚者，实有之理。"（《朱子语类》卷第六）"天地之道，可一言而尽，不过曰诚而已。"（《中庸章句》）"治国、平天下与诚意、正心、修身、齐家，只是一理。"（《大学章句》）

---

① 张海鹏、王廷元主编：《明清徽商资料选编》，黄山书社 1985 年版，第 105 条。

② 张海鹏、王廷元主编：《明清徽商资料选编》，黄山书社 1985 年版，第 106 条。

(3)诚是百德的根基,是修身、齐家、治国、平天下的前提。“《大学》之修身、齐家、治国、平天下,其本只是正心、诚意而已。”(《孟子集注·序说》)(4)提出实现“诚”的修养方法:“思诚”“自诚明”“诚之者”都是朱子的诚信修养方法,可见诸朱子对经典的阐释,以及和弟子的问答。“自诚明,谓之性;自明诚,谓之教。诚则明矣;明则诚矣。”(《中庸辑略》)“诚之者,未能真实无妄,而欲其真实无妄之谓,人事之当然也。”(《中庸章句》)“思诚为修身之本,而明善又为思诚之本。”(《孟子集注·离娄章句上》)“明善是格物、致知,思诚是毋自欺、谨独。明善固所以思诚,而思诚上面又自有工夫在。”(《朱子语类》卷第五十六)

价值认知是价值认同的基础,也是身体力行的前提,践行弘扬社会主义核心价值观,是文化强国建设的重要组成部分。社会主义核心价值观作为国家、社会和个人共同的价值观念,传统的诚信思想几经演变,已经积淀为悠久深厚的民族文化基因,成为社会主义核心价值观的重要内容。

传统的诚信观形成于小农经济时代,作用范围在于熟人社会,在有限范围内讲信用,重道义。在传统的熟人社会当中,缺乏诚信、道义,其交往的后果是可以预见的。但在新形态的现代工商业社会当中,人际交往经常发生在陌生人社会的情境当中。已经没有熟人社会的制约,如果还缺乏法律和制度的规范,缺乏失信的约束机制,仅凭个人的道德自觉显然是有缺失的。正如黑格尔所说,“应该怎么做人?靠本能是不行的”①。因此,在现代市场经济的条件下,诚信的实践不仅有赖于自我完善的道德建设,也应有着相应法律及经济的制度建设,德治与法治并存,引导与约束共行,这样才能为维护社会公平和效率、保障个人利益、提升整体社会道德诚信水平和国家的发展提供重要保障。

朱子对诚信概念和修养方法的详细解析,可以让我们认识传统诚信观的重要内容。朱子的诚信思想,特别是在自我完善的道德建设方面,为我们提供了许多历久弥新的见解,是衔接社会主义核心价值观和中华传统文化

① 黑格尔:《法哲学原理》,范扬、张企泰译,商务印书馆1961年版,第220页。

的重要纽带,可以助推社会主义核心价值观的培育与践行。不论政治生活、社会生活、经济生活都离不开诚信,只有以诚信为本,才能有效促进各种资源的流通、公平交换,这对推进社会主义市场经济与和谐社会的建设具有重要意义。

友善

——友也者，友其德也

在中国古代，友是包含在善里的。善是友的前提，友是善的结果。“友也者，友其德也，不可以有挟也。”（《孟子集注·万章章句下》）朱子认为，成为朋友的前提是对其道德和人品的认可，不含有丝毫功利之心。生活在一个友善的环境之中，应当是大部分个体、社会的理想追求。在西方，从苏格拉底一直到今天的各个哲学学派，都把对善和爱的探讨当作共同的话题。但马克思指出，要真正解决人与人之间的矛盾，并不能停留在口头上的空虚口号，而是要落实到实践中。在古代中国，朱子就是将友善落实到实践的最重要代表。

一、友善与践行

在中国古代，不乏善的思想。墨子有兼爱，佛教有慈悲，与西方的博爱非常相似。但是朱子也和马克思一样，最终看穿了浮于表面而不能落实的善，致力于在现实中构建真实的善的世界。

南宋时期，佛道盛行。佛教倡导慈悲、倡导平等，对善良的人们有着极大的吸引力。朱子早年也曾沉迷于佛学，希望通过佛学开悟以通达儒家圣人之境。他自幼便是在一个儒、佛两种文化相互交融的家庭中成长的。其父朱松虽然从小就饱读儒典，却也热衷佛学，曾与净悟、大智禅师交往密切，除了平日为官之外，在家就诵经参禅。此外，朱子的母亲、外祖父、舅舅等家人也多虔诚信佛。朱松临终之前，将十四岁的儿子朱子之学业交予刘子翚、刘勉之、胡宪几位好友。这几位友人都是武夷一带喜好佛学的儒学名家。他们与僧人交往的同时，常常会带上朱子同行。由于耳濡目染，朱子对佛学也开始产生极大兴趣，同时也结交了许多僧人。朱子曾自述道："某年十五六时，亦常留心于此（指禅）。"（《朱子语类》卷第一百〇四）。朱子赴试时，箧中唯置《大慧宗杲语录》一书。他在与许生的信中提道："夫读书不求文义，玩索都无意见，此正近年释氏所谓看话头者。世俗书有所谓《大慧语录》者，其说甚详。试取一观，则其来历见矣。"（《朱文公文集》卷第六十）朱子甚至都是凭借当时社会十分流行的"昭昭灵灵"的禅而入仕为官的。

可是，当二十四岁的朱子带着一身禅气到同安任主簿时，却发现自己之前所沉迷的"昭昭灵灵"的智慧在面对赃吏恣奸、富豪横行、百姓穷困、民生凋敝的社会问题时是多么苍白无力。于是，朱子开始用一生的时间致力于建立起比佛学更加完善的理学哲学体系，其最大的特点就是面对现实、尊崇事理、刻苦实践、积极有为。

原典

曹问："何以分别儒释差处？"曰："只如说'天命之谓性'，释氏便不识了，便遽说是空觉。吾儒说底是实理，看他便错了。他云'不染一尘，不舍一法'，既不染一尘，却如何不舍一法？到了是说那空处，又无归着。且如人心，须是其中自有父子、君臣、兄弟、夫妇、朋友。他做得彻到底，便与父子、君臣、兄弟、夫妇、朋友都不相亲。吾儒做得到底，便'父子有亲''君臣有义''兄弟有序''夫妇有别''朋友有信'。吾儒只认得一个诚实底道理，诚便是万善骨子。"（《朱子语类》卷第一百二十六）

佛氏只是空豁豁然，和有都无了，所谓'终日吃饭，不曾咬破一粒米；终日着衣，不曾挂着一条丝'。若老氏犹骨是有，只是清净无为，一向恁地深藏固守，自为玄妙，教人摸索不得，便是把有无做两截看了。（《朱子语类》卷第一百二十六）

翻译

有位姓曹的弟子问朱子："应该如何区分儒与佛的差别呢？"朱子回答说："仅仅就'天命之谓性'这句话，佛弟子就不能了解，他们只能急匆匆地用空觉来敷衍。我们儒家不说空话，说的都是实理，所以能够看到他们的错误。他们说：'不染一尘，不舍一法。'可是既然不染一尘，又如何能做到不舍一法呢？佛教说到了空，可是在现实中却没有具体的体现。比如说到人心，心中须有父子、君臣、兄弟、夫妇、朋友，而佛教却认为这并不彻底，结果他们与父子、君臣、兄弟、夫妇、朋友都不亲近。而我们儒家做到彻底，其结果是实现了'父子有亲''君臣有义''兄弟有序''夫妇有别''朋友有信'。我们儒家不认空理，而是认诚实的道理，诚其实是万善的骨子。”

佛教只是强调豁豁然的空，将有和无都一起空掉了。佛教只知一味强调“终日吃饭，不曾咬破一粒米；终日着衣，不曾挂着一条丝”。而道教虽然在骨子里认同“有”，但是也只知道“清净无为”，只能做到“深藏固守”，自以为很玄妙，让外人看得云里雾里，其实道家是将有和无看作不能互通的两截了。

解析

朱子正是通过对儒佛的辨析，用佛家的“空”来凸显儒家将善落实在实践中的特点。佛教所强调的“空”，其实也并不是完全空无所有。佛教中有一句“不染一尘，不舍一法”，以此强调自己并非空其所有。其意思是，在现实中，虽然我不会执着于其中而达到不染一尘，但是我也不会舍弃现实中任何的一个需要面对的实在道理而达到“不舍一法”。而佛教中的另一句话“终日吃饭，不曾咬破一粒米；终日着衣，不曾挂着一条丝”，强调的也是投入现实又不执着于现实，但是朱子对此却并不认可。朱子指出，佛教僧人虽然强调善，却其实舍弃了现实中的亲情、友情，佛教的善在现实中并没有实在的体现，并未呈现出改善现实世界的具体方法，因此最终只能落于空想。而道教虽然认同“有”，但是也只是故弄玄虚，不知道如何落到实处。而儒家的“诚”，强调的是将内心的“善”落实到现实中的实处，要求的是积极有为，重视现实中的客观道理，真正地将善意变成具体的行动以改善现实的世界。宗教的“善”最终只能成为彼岸的空想，而儒家的“善”才能在现实中落实。如此，朱子才强调“诚便是万善骨子”。也正是因为朱子强调将善落实到现实，所以我们才能发现朱子思想与社会主义核心价值观有如此多的共通之处。

二、友善与人性

友善作为一种道德品质,首先存在于个体心中,体现为个体的人格和个性。我是谁,我要成为一个怎样的人,无疑是根本的问题。对此,在中国的传统文化中有丰富的探讨。特别是《孟子》的性善论,在朱子的努力下成为中国绝大多数人了解和接受的信念。我们知道,早期儒家重视的是《诗》《书》《易》《礼》《春秋》这五经,为此专门设立了五经博士。但是对于《孟子》的思想其实是忽略的。孟子所在的战国时代,重视的是武力攻伐,而孟子强调的德性修养,主政者是听不进去的。而孟子之后,其思想更是渐渐远离统治思想,对于德性的重视只能从宗教中寻找。而朱子在其理学思想的构造中,特别重视《孟子》,将《孟子》与《论语》《大学》《中庸》并举,称为"四书",并编订了《四书章句集注》。后来朱子编订的《四书章句集注》成为学校官定教科书和科举考试必读书。而朱子之所以如此重视《孟子》,尊孟子为"亚圣",就是因为孟子对于人性之善存在的肯定,并以人性中本来的善在现实中实现作为人之所以为人的根本目标。

原典

孟子曰:"人皆有不忍人之心。"天地以生物为心,而所生之物,因各得夫天地生物之心以为心,所以人皆有不忍人之心也。"先王有不忍人之心,斯有不忍人之政矣。以不忍人之心,行不忍人之政,治天下可运之掌上。"言众人虽有不忍人之心,然物欲害之,存焉者寡,故不能察识而推之政事之间。惟圣人全体此心,随感而应,故其所行无非不忍人之政也。"所以谓人皆有不忍人之心者,今人乍见孺子将入于井,皆有怵惕恻隐之心,非所以内交于孺子之父母也,非所以要誉于乡党朋友也,非恶其声而然也。"乍,犹忽也。怵惕,惊动貌。恻,伤之切也。隐,痛之深也。此即所谓不忍人之心也。内,结。要,求。声,名。言乍见之时,便有此心,随见而发,非由此三者而然也。程子曰:"满腔子是恻隐之心。"谢氏曰:"人须是识其真心。方乍见孺子入井之时,其心怵惕,乃真心也。非思而得,非勉而中,天理之自然也。"内交、要

誉、恶其声而然，即人欲之私矣。（《孟子集注·公孙丑章句上》）

翻译

孟子说："每个人都会有不忍人之心。"天地以产生万物作为天地之心，而万物也获得含有了天地之心，人更因此拥有了被称为不忍人之心的天地之心。

"从前如尧、舜这样的先王正是感受到了自己的不忍人之心，所以他们能够用其不忍人之心行不忍人之政。也正是因为用不忍人之心行不忍人之政，所以他们将天下管理得得心应手。"其实每个人都有不忍人之心，但是因为物欲的遮蔽，能够感受的很少，所以不能将其本来含有的不忍人之心推及所要面对的政事之中。而圣人能够感受到其含有的全部不忍人之心，并且能够将其运用在所要应对的事务之中，所以他所做的事没有哪一件不是不忍人之政。

"那么，如何能证明人人皆有不忍人之心呢？其实，任何一个人突然眼见天真无邪的稚嫩幼儿就要掉入井中，第一反应一定是挂在嗓子眼的紧张、伤痛、恻隐，不用心想就已经试图营救。而之所以产生这样的心情和行为，与自己与孩子的父母是否结交无关，也并不是因为自己要在外人面前获得美好的声誉，更不是害怕如果没有这样的反应会被别人指责而坏其名声。这样的反应完全是自然而然的。"乍，是忽然的意思。怵惕，是惊动的样子。恻，是切身的伤。隐，是深深的痛。这就是之前所讨论的不忍人之心。内，是结交的意思。要，是求的意思。声，是名声。这句话强调的是，突然见到之时，就立刻产生这样的心情，这是随着所看见的情境而自然产生的，并不是因为那三个外在的原因而如此。程颐、程颢曾说："人的身体里其实周遍充塞着恻隐之心。"谢良佐说："人是需要去发现认识自己的真心的。遇见年幼的孩子掉入井中之时，人内心的第一反应是惊恐伤痛，这就是人的真心。这个真心并非因思考而得出，也并非依靠勤勉而获得，而是天理自然贯通的。"而想着结交、声誉，都是人的私欲的表现。

解析

关于孟子提出的性善论，朱子有着自己的思考。他将孟子的性善论放入理学的体系中，人性本善与天地之心、天理、自然相贯通。性善不是外在的，不是矫揉造作的，而是天赋予人的自然品性。人们在思考我是谁，我从哪里来，我要成为什么样的人这样的人生观命题时，朱子给了非常详细的解答。我由天地而来，在这个世界上必然要与气结合才能成为实际存在的人。存在便是气的表现形式。但是如果人们过度关注自己的存在形式就会造成私欲的膨胀而无法感受到自己的本来天赋自然善良的样子。孟子用“孺子将入于井”引发人们的思考，让人们发现自己心中本来存在的善。而朱子则用理气关系，引导人们将人生理想树立在本来之善自然外化，而非人欲吞噬人性。

我们应当注意，孟子和朱子非常强调善的自然，极力反对由人欲作祟的伪善。亚里士多德也有类似的探讨。亚里士多德将友爱分为三种：有用的友爱、快乐的友爱和善的友爱。他指出，有用的友爱和快乐的友爱都因实用性的目的而发生，因而是自私的、易变的、不持久的。只有善的友爱不是为了利益或快乐，而是由衷地希望对方好，因而它是最好的友爱，是最稳定、最持久的，最有资格被视为友爱本身。[①] 其中，善的友爱其实就是理学家强调的天赋之善、自然之善、本然之善。可见，在中西方哲学中，对善的真伪都是非常重视的。而马克思痛斥虚伪，所努力的也是建立真善的世界。

三、友善与适宜

应当说，没有人一开始就将自己的人生理想设立为成为不友善的人。但是，很多不友善的过激行为常常发生于特定情境下的失控。对此，《中庸》有许多探讨。对于“中庸”，很多人不以为然，以为无非就是既不得罪这个人又不得罪那个人的中立态度，但是这其实是极大的误解。为此，朱子也做了长期的思考和详细的解读。

① 亚里士多德：《尼各马可伦理学》，商务印书馆 2003 年版，第 231234 页。

原典

仲尼曰："君子中庸，小人反中庸。"中庸者，不偏不倚、无过不及而平常之理，乃天命所当然，精微之极致也。唯君子为能体之，小人反是。"君子之中庸也，君子而时中；小人之反中庸也，小人而无忌惮也。"君子之所以为中庸者，以其有君子之德，而又能随时以处中也。小人之所以反中庸者，以其有小人之心，而又无所忌惮也。盖中无定体，随时而在，是乃平常之理也。君子知其在我，故能戒谨不睹，恐惧不闻，而无时不中。小人不知有此，则肆欲妄行，而无所忌惮矣。(《中庸章句》)

翻译

孔子说："君子遵循中庸之道，而小人违背中庸之道。"所谓中庸，就是不偏不倚、无过而不及这样的平常之理，但这也是天命之所当然的极致精微之理。只有君子能够体会其中意味，而小人则反其道而行。

"君子的中庸，是随时而中；而小人的反中庸，指的是其肆无忌惮。"君子之所以能够达到中庸，是因为他有君子之德，所以无论何时都能够处于中庸这样的恰当状态。而小人之所以反中庸，是因其怀有小人之心，所以其无所顾忌而肆无忌惮。但是中不是一个一定的状态，却随时都存在，指的是平常的道理。而君子知道中庸之道其实不是外在、死板、一成不变的道理，而是取决于自己良心的衡量，所以君子在无人看见的地方也会控制自己做到慎行，在无人听到的地方也会谨言敬畏，所以君子才能做到无时无刻不保持中庸。但是小人不知道还有中庸这样的道理，所以会无所忌惮地肆意妄行。

解析

是否符合中庸之道，是儒家判定君子和小人的重要标志。什么叫作中庸呢？中庸并不是一个固定值，因为我们需要根据情境的变化做出相应的判断。大家非常熟悉的"刻舟求剑""随机应变"强调的就是这个道理。但是中庸更不是没有原则、茫然无适的"随波逐流"，而是无论遇到怎样的情境都能处置恰当。这是非常清楚自己方向的前提下所能做出的判断和结果。在大学阶段，很多同学会陷入茫然，不知道自己的人生目标是什么。朱子提醒我们，要从天命之性中寻找。何为天命之性？其实就是张载所强调的“为天地立心，为生民立命，为往圣继绝学，为万世开太平”。而这样的人生理想，绝不是别人灌输给我们的。之所以称为“天命之性”，是因为这是每个人与生俱来的。朱子强调，中庸就是天命之所当然，精微之极致，这也正是君子之德。而被私欲遮蔽的人不知道什么叫作君子之德，所以肆无忌惮，也因此违背了中庸的道理。而真正的君子非常清楚自己的原则是什么，所以无论在有没有人听见、看见的任何情境下，都能够约束自己的言行，从而践行中庸之道，达到真正的友善。

四、友善与情感

友善是大爱，但是并没有要求人们对任何事物永远都笑脸相迎，抑制自己真实的情感。相反，朱子要求人们合理地表现自己的情感，才是真正的友善。

原典

子曰：“惟仁者能好人，能恶人。”惟之为言独也，盖无私心，然后好恶当于理，程子所谓得其公正是也。游氏曰：“好善而恶恶，天下之同情，然人每失其正者，心有所系而不能自克也。惟仁者无私心，所以能好恶也。”(《论语集注 · 里仁第四》)

“喜怒哀乐之未发，谓之中，发而皆中节，谓之和。中也者，天下之大本也；和也者，天下之达道也。”喜怒哀乐，情也。其未发，则性也，无所偏倚，故谓之中。发皆中节，情之正也，无所乖戾，故谓之和。大本者，天命之性，天下之理皆由此出，道之体也。达道者，循性之谓，天下古今之所共由，道之用也。此言性情之德，以明道不可离之意。(《中庸章句》)

然未发之前不可寻觅，已觉之后不容安排，但平日庄敬涵养之功至，而无人欲之私以乱之，则其未发也，镜明水止，而其发也，无不中节矣。此是日用本领工夫。至于随事省察，即物推明，亦必以是为本。而于已发之际观之，则其具于未发之前者，固可默识。故程子之答苏季明，反复论辨极于详密，而卒之不过以敬为言。又曰："敬而无失，即所以中。"又曰："人道莫如敬，未有致知而不在敬者。"又曰："涵养须是敬，进学则在致知。"盖为此也。向来讲论思索，直以心为已发，而日用工夫，亦止以察识端倪为最初下手处，以故缺却平日涵养一段工夫，使人胸中扰扰，无深潜沉一之味，而其发之言语事为之间，亦常急迫浮露，无复雍容深厚之风。(《朱文公文集》卷第六十四)

翻译

孔子说："只有真正做到仁的人，才会真正表现出自己对人的喜爱和愤怒。"其中的惟，是独的意思，指的是没有私心，然后无论是喜爱还是发怒都是合乎理的，这就是程子所说的公正了。游酢说过："喜欢善的，讨厌恶的，这是天下人共同的感情。但是如果心中有所挂碍而不能克制，人就会失去了公正。只有无私心的仁者，才能够恰当地流露出喜爱和愤怒。"

"喜怒哀乐还没有呈现的时候，可以称之为中。喜怒哀乐表现出来并且能够适中，则称之为和。中，是天下之本；和，是中的实现。"喜怒哀乐指的都是人的感情。当这些感情还没有表现出来的时候，被称为性，这个时候是不会有所偏倚的，所以又被称为"中"。但是当这些感情适当地表现出来的时候，则是中正的合乎情理的情感，所以被称为"和"。天命之性是天下的大本，因为天下之理都是由此而出，也是道的本体。而达道，则是顺着天命之性的意思，这是天下古今都共通的发源，这就是道在现实中的表现。这句话的意思讨论的是性情之德，强调的是无论如何都不能离开正道。

而未发之前不可寻觅，已觉之后又不知道如何安排。只有平时保持庄敬，时时涵养，保证人欲不会干扰自己的思考，从而使自己的心境如止水一般，那么遇事之时，就能像明镜一样照映出客观的景象，该如何便是如何，不会有不中节的地方。这就是平时日常的涵养工夫。而已发之后的随事省察，任何情境都能清楚明白自己应该如何行事，这些都是以平时的涵养为根本的。正是因为如此，从情感已发之后观察，其实来源于未发之前的内容，是可以基于此而感受到的。所以程子在给苏季明的信中,反复详密论辩的内容,其实不过是“敬”而已。二程语录中的“因为敬而不会有过失,这就是中”,“为人之道不过就是敬,没有不敬而能真正致知的”,“涵养的方法必须是敬,而进学的目的在于致知”,所说的都是同样的意思。而我之前所讨论思考的,都以为心就是已发,而平时遇事只能从端倪处下手,其实缺少了平时的一段涵养工夫,这样会使人的心中一直处于混乱的状态,而不知深深地思考,所以所说的话、所做的事,常常过于急迫浮露,而没有从容不迫、坚定的风范。

解析

孔子早就说过,真正的仁者会真实地表达自己对人的喜爱和愤怒。《中庸》提到,喜怒哀乐没有表现出来的时候,人是处于“中”的状态的。但是,“中庸”不是只有“中”,更有“庸”。朱子说过,所谓“庸”是“用”的意思。若没有用,中又有何意义呢?若只有友善,改善不了现实,又有何意义呢?其实,喜爱好的,讨厌恶的,是人的本能,更是儒者必不可少的品质。但是人的喜怒哀乐又特别容易失控,过或者不及都容易导致恶的产生。很多令人追悔莫及的事情都是在情绪失控的情况下发生的。所以,喜怒哀乐如何适当的发生和控制才是朱子更加关注的内容。

朱子早年对于如何从未发之中来控制已发的喜怒哀乐感到非常困惑。后来发现,未发与已发之间有着“敬”和“涵养”这样的桥梁。朱子认为,如果平时对人、事都保有着敬畏之心,就不会在情感发生的时候任其肆意发展,而是保持着思考和理智。而人的这一特征是需要平时注重涵养而得。所谓涵养,其实就是天人合一,时时刻刻能够感受到自己与天地万物的同一,时时刻刻反思自己是否被过度的自我欲望冲昏了头脑。这一感受和反思一定是自己所得的,而不是自欺欺人,这就是朱子经常讲的为己之学,这点非常重要。朱子说,如果平时的涵养工夫做好了,那么他的心境一定是静如止水如明镜一般,这样遇事之时,就能像明镜一样照映出客观的景象,该如何便是如何,不会有不中节的地方。武夷山止止庵门帘所提到的“当行则行,当止则止”,想表达的其实也是同样的意思。“当行则行,当止则止”,并不是为所欲为，而是在敬畏涵养的基础上，十分明白自己的方向，如此才有可能达到最终的目的。

五、友善与恶

在当下，很多人并不是没有友善之心，并不是不愿意去施行友善行为，而是担心好人没好报，担心因为自己的友善行为反而给自己带来不必要的损失。在中国古代早有“农夫与蛇”的故事，“一朝被蛇咬，十年怕井绳”，生动地展现了友善在现实中所遇到的困境。可见这样的问题，在哪里都有发生的可能，但是友善的行为却并没有因此而泯灭。那么，朱子对此又是持怎样的观点呢？

原典

或曰：“以德报怨，何如？”或人所称，今见老子书。德，谓恩惠也。子曰：“何以报德？”言于其所怨，既以德报之矣，则人之有德于我者，又将何以报之乎？“以直报怨，以德报德。”于其所怨者，爱憎取舍，一以至公而无私，所谓直也。于其所德者，则必以德报之，不可忘也。或人之言，可谓厚矣。然以圣人之言观之，则见出于有意之私，而怨德之报皆不得其平也。必如夫子之言，然后二者之报各得其所。然怨有不仇，而德无不报，则又未尝不厚也。此章之言，明白简约，而其指意曲折反复，如造化之简易易知，而微妙无穷，学者所宜详玩也。(《论语集注·宪问第十四》)

仇者以义解之，怨者以直报之。(《朱子家训》)

“诗云：‘伐柯伐柯，其则不远。’执柯以伐柯，睨而视之，犹以为远。故君子以人治人，改而止。”柯，斧柄也。则，法也。睨，邪视也。言人执柯伐木以为柯者，彼柯长短之法，在此柯耳。然犹有彼此之别，故伐者视之以为远也。若以人治人，则所以为人之道，各在当人之身，初无彼此之别。故君子之治人也，即以其人之道，还治其人之身。其人能改，即止不治。盖责之以其所能知能行，非欲其远人以为道也。张子所谓“以众人望人，则易从”，是也。(《中庸章句》)

翻译

有人问孔子："用恩惠来对待伤害我们的人，这样的方式您觉得如何？"这个人说的"以德报怨"，来自老子的书籍。其中，德是恩惠的意思。孔子反问："那么，用什么来报答那些有德于我的人呢？"孔子这句话所提醒的是，如果对待怨恨的人都已经用恩惠来回报，那么有德于我的人又该用什么来报答呢？孔子补充说："要用'直'对待使人怨恨的人，用'德'来报答有德之人。"对于使人怨恨的人，不管你心中是保有爱还是免不了的厌恶，都必须用公而无私的方式处理，这就是孔子所说的"直"。对于用德来善待我的人，我一定要用德来报答，这个是无论如何都不能忘的。而提问的人所说的"以德报怨"的行为，可以称之为宽厚。但是以孔圣人所说的话来看，所谓的"以德报怨"其实是出于私意的刻意为之，这样怨和德的回报都没有得到公平的处理。必须依照孔夫子的话，才能各得其所。然而，如果并没有以仇报怨，或者没能对给我施以善意的人以相应的报答，也不能指责其不宽厚。这一章所说的话，表面上明白简约，但其中的旨意却曲折反复，如自然界看上去简易易知，但是却微妙无穷，学习的人应该多多揣摩。

对于矛盾已经公开化、极端化的仇敌，我们要用"义"来对待；对于比较隐晦、内在、单向的怨恨对象，我们要用"直"来化解。

"《诗经》中说：'砍斧柄啊砍斧柄，这个规则离其不远啊。'拿着斧头砍斧柄，就会知道砍斧柄的法则。若斜斜地看自己估量，则会相差很多。所以君子是以他人的方法治理他人，改正了就可以停止了。"柯，就是斧柄的意思。则，是法则的意思。睨，是斜视的意思。讲的是人拿着斧柄砍木头作为新的斧柄，砍下的新斧柄要多长，只要对比着手中的斧柄就好了。但是如果依然会有长短之别，其实是砍伐的人斜斜地看，自以为不合适而已。如果用他人的方法治理他人，我们就会发现，每个人都有自己的思维方式，我们可以通过对方的思维方式而使对方醒悟。所以君子治理人的方法，就是用所治理对象的思维，使其醒悟而由他改正自己的行为。如果那个人已经知道怎样改正了，我们也可以不需要再治理了。所以这句话的意思是，用对方所能知能行的方式使其领悟，而不是以对方过错的方式对待对方。张载所说的"以众人望人，则易从”，其实也是这个意思。

解析

我们努力使自己成为一个友善的人，但是我们却不能保证我们所遇到的都是同样友善之人。那么，我们应当如何面对不友善甚至是恶的人呢？对于这个问题，孔子也已经有过探讨。有人将老子的“以德报怨”拿来请教孔子。孔子反问之：“何以报德？”后又给出答案：“以直报怨，以德报德。”而朱子在《朱子家训》中则给予了更细致的划分：“仇者以义解之，怨者以直报之。”所谓的“仇”和“怨”，有矛盾公开与否、双方还是单方感受的区别。朱子认为，对于矛盾已经公开化、双方已然对立的情况要用“义”来化解；对于矛盾尚未激化或公开化，只是单向的、隐晦的、内在的“怨”则用“直”来化解。那么，“义”和“直”又分别是什么意思呢？

我们先从没那么激烈的“怨”与“直”讲起。首先，人若有了怨恨，是无法轻易放下的（当然，能自行放下也是好的），要妥善解决怨恨，就必须使之适当地发泄出来，不至于“匿怨”。因为让怨恨久藏于心中，一来会有失控的危险，二来会让人变得虚伪。所以，在朱子看来，简单的“以德报怨”其实是出于刻意为之的私心。或许是因为利益、或许因为私心的刻意伪装，所以没有那么真实。朱子举例说：“如吕晦叔为贾昌朝无礼，捕其家人坐狱。后吕为相，适值朝廷治贾事，吕乃乞宽贾之罪，‘恐渠以为臣与有私怨’。后贾竟以此得减其罪。此‘以德报怨’也。然不济事，于大义都背了。”（《朱子语类》卷第四十四）当然这还在其次，更重要的是，因私欲而导致“以德报怨”的结果会导致“以私害公”“以曲胜直”“怨德之报皆不得其平”这样不良的社会影响。但是如果“以怨报怨”，又终将引起怨恨的恶性循环，也肯定不是止怨的最好办法。那么，究竟什么是“直”呢？从《论语》中有关“直”的种种论述来看，“直”在不少场合都与率性、坦直的情感表达方式有关。朱子则释“以直报怨”道：“于其所怨者，爱憎取舍，一以至公而无私，所谓直也。”所以“直”就是大公无私。但是要注意的是，儒家的“无私”绝非“无情”，只是强调公义之下无偏私不当之情而已。所以，此情并非简单的冲冠一怒、直抒胸臆，而是情理交融中的“当报则报，不当则止”。而“当”与“不当”的标准是礼。换言之,儒家的“以直报怨”也就是以礼报怨,是对“礼尚往来”式公平正义的追求。

与此相对应,对待已然对峙的“仇”,也肯定不是我们今天所理解的“以牙还牙、以眼还眼”似的“同态复仇”。但是,“仇”还是要“报”的,关键是要用怎样的方式。朱子说“仇者以义解之”,其中的“义”,《中庸》释为:“义者,宜也。”所谓“宜”就是合宜、适度、正义、正当的意思。所以,“报仇”需要用合宜的方式。那么,如何才是合宜的方式呢?朱子说“酌其中制,适古今之宜”。因此,“报仇”并不是情绪激动、丧失理智时粗暴对待,而是要在心平气和、本体之“仁”不被情绪遮蔽时“酌其中制”,适度、合宜地对待。张载从本体论的角度说:“有象斯有对,对必反其为,有反斯有仇,仇必和而解。”(《正蒙·太和》)因此,所谓“报仇”,是用坦诚的态度、公正的方式对待,其结果必然是“和而解”,这是需要仁本与智慧的。张载还说:“万物莫不有对,一阴一阳,一善一恶,阳长则阴消,善增则恶减。”正是因为“阳长则阴消,善增则恶减”,所以我们的正能量不会被负能量淹没,正能量终会超越负能量。

朱子有一句大家非常熟悉的名言——“以其人之道还治其人之身”。可是这并不是以怨报怨、以牙还牙的意思。朱子其实是用《诗经》中砍斧柄的例子提醒人们,要用适合对方的方式使对方知错改正。其中的关键词是“治”和“道”。所以,以“仁”为本的智慧在其中起到了非常重要的作用。因为能够做到友善的人一定比不友善的人有更高的认知、修养和智慧,所以如果遇到不友善的恶人,并不是把自己的恶也激发出来,而是要用智慧找到适合对方的方式,使其知错并改正。也只有这样,友善才能一直传递下去。

儒家的核心思想是仁,但是“仁”一旦规范化之后,就会有小人钻空子,打着仁义的幌子假仁假义。孟子则从人性的角度,将其中的善提到了本性的位置,强调善必须由内而外地体现出来,以此对抗伪善。但是,孟子强调的性善以及佛道擅长的心性都停留在心的层面,如何用心中的善来改善世界是一个更加复杂的现实问题。朱子作为理学的集大成者,小心细致地探讨了这个问题。朱子努力地将对内的正心、诚意与对外的格物致知结合起来，使儒学不仅成了保证“真善”的“尊德性”的学问，更成了科学理性地面对现实、改造现实的“道问学”的方法论。在朱子的理学体系中，对外的“道问学”最终还是要统一到“德性”这一真善的根本上来的。《中庸》说“苟不至德，至道不凝焉”，可见这不仅是朱子的用心良苦，也是中国传统哲学所强调的一种必须和必然。因为我们应对外在世界，就必须运用外在之理，而外在之理本身是客观的，但是却有善用和恶用两种可能。科学被恶用可能毁灭世界，贤人用心良苦制定的社会规范、法则被恶用也一样会造成不可估量的恶果。只有努力引导人们找到至诚至善之本性并实现出来，才能保证人们在应对现实世界的过程中不脱离“真善美”的轨道。

参考文献

一、史料

1.(宋)蔡模:《文公朱先生感兴诗》,丛书集成初编本。

2.(清)黄宗羲:《宋元学案》,陈金生、梁连华点校,中华书局 1986 年版。

3.(宋)黎靖德编:《朱子语类》,王星贤点校,中华书局 1986 年版。

4. 朱杰人、严佐之、刘永翔主编:《朱子全书》,上海古籍出版社、安徽教育出版社 2002 年版。

5. 朱杰人、严佐之、刘永翔主编:《朱子全书外编》,华东师范大学出版社 2010 年版。

6.(宋)朱熹:《楚辞集注》,黄灵庚点校,上海古籍出版社 2015 年版。

7.(宋)朱熹:《四书章句集注》,中华书局 2012 年版。

8.(宋)朱熹:《朱熹集》,郭齐、尹波点校,四川教育出版社 1996 年版。

9.(宋)朱熹集撰:《诗集传》,赵长征点校,中华书局 2017 年版。

10. 毛泽东:《毛泽东文集》(第八卷),人民出版社 1999 年版。

11. 习近平:《决胜全面建成小康社会　夺取新时代中国特色社会主义伟大胜利——在中国共产党第十九次全国代表大会上的报告》,人民出版社 2017 年版。

二、专著

1. 蔡方鹿:《朱熹经学与中国经学》,人民出版社 2004 年版。

2. 蔡方鹿:《朱熹思想探讨》,新星出版社 2018 年版。

3. 陈来:《宋明理学》,生活·读书·新知三联书店 2011 年版。

4. 陈来:《朱子哲学研究》,生活·读书·新知三联书店 2010 年版。

5. 陈长根:《朱熹诗选 365 鉴赏》,海潮摄影艺术出版社 2007 年版。

6. 胡迎建:《朱熹诗词研究》,中山大学出版社 2011 年版。

7. 刘纲纪:《周易美学》,湖南教育出版社 1992 年版。

8. 蒙培元:《情感与理性》,中国社会科学出版社 2002 年版。

9. 蒙培元:《朱熹哲学十论》,中国人民大学出版社 2010 年版。

10. 倪霞等:《社会主义核心价值观·关键词富强》,中国人民大学出版社 2015 年版。

11. 潘立勇:《朱子理学美学》,东方出版社 1999 年版。

12. 钱穆:《朱子新学案》,九州出版社 2011 年版。

13. 束景南:《朱熹年谱长编》,华东师范大学出版社 2001 年版。

14. 束景南:《朱子大传》,商务印书馆 2003 年版。

15. 吴长庚:《朱熹文学思想论》,黄山书社 1994 年版。

16. 习近平:《习近平谈治国理政》,外文出版社 2014 年版。

17. 张立文:《朱熹评传》,南京大学出版社 2011 年版。

18. 张立文:《朱子思想研究》,中国社会科学出版社 1981 年版。

三、报纸杂志

1. 蔡方鹿:《中华道统思想与社会主义核心价值观》,《王学研究》2016 年第 1 期。

2. 陈保同、尤吾兵、王惠霞:《朱熹德性之学的"和谐"指向》,《合肥学院学报(社会科学版)》2008 年第 6 期。

3. 陈静:《自由的含义:中文背景下的古今差别》,《哲学研究》2012 年第 11 期。

4. 陈来:《朱子其人其学》,《光明日报》2018 年 8 月 18 日。

5. 陈来:《朱子学的时代价值》,《光明日报》2015 年 5 月 14 日。

6. 段继扬:《朱熹的爱国主义思想述略》,《黄石师院学报(哲学社会科学版)》1984 年第 2 期。

7. 何中华:《正确处理马克思主义与中华优秀传统文化的关系》,《党的文献》2021 年第 3 期。

8. 胡其柱:《中国古代思想语境中"自由"语词源流考论》,《天津社会科学》2016 年第 5 期。

9. 兰宗荣:《朱子的治国新民之道——基于社会主义核心价值观语汇的考察》,《朱子学研究》2020 年第 1 期。

10. 乐爱国:《朱熹的"天地之心":对万物的尊重与保护》,《华侨大学学报(哲学社会科学版)》2019 年第 4 期。

11. 黎昕:《试论朱子文化的时代新价值》,《福建论坛(人文社会科学版)》2018 年第 12 期。

12. 黎昕:《朱熹理欲观评析》,《福建论坛(文史哲版)》1990 年第 5 期。

13. 李科毅:《论先秦儒家平等观的嬗变历程》,《长江师范学院学报》2022 年第 4 期。

14. 廖斌:《朱子文化的创新转化与高校实践育人体系建构研究》,《文化学刊》2019 年第 8 期。

15. 刘兴邦:《朱熹理学与以德治国》,《江西社会科学》2002 年第 12 期。

16. 蒙培元:《朱熹哲学生态观(上)》,《泉州师范学院学报》2003 年第 3 期。

17. 蒙培元:《朱熹哲学生态观(下)》,《泉州师范学院学报》2003 年第 5 期。

18. 彭卫民:《礼理一体:朱熹与〈三礼〉的对话(上)》,《社会科学论坛》2016 年第 11 期。

19. 彭卫民:《礼理一体:朱熹与〈三礼〉的对话(下)》,《社会科学论坛》2016 年第 12 期。

20. 沈时凯:《〈周易本义〉与宋代理学的〈易经〉阐释》,《合肥学院学报(社会科学版)》2011 年第 4 期。

21. 沈湘平:《坚持把马克思主义基本原理同中华优秀传统文化相结合》,《中国高校社会科学》2021 年第 5 期。

22. 苏敏:《朱熹生态伦理思想探析》,《江西社会科学》2007 年第 10 期。

23. 田文军:《朱熹理欲观评析述要》,《武汉大学学报(社会科学版)》1989 年第 5 期。

24. 王易:《马克思主义基本原理同中华优秀传统文化相结合的历史考察与时代要求》,《马克思主义研究》2022 年第 3 期。

25. 邬龄惠:《朱熹的哲学观对培育和践行社会主义核心价值观的借鉴意义》,《福建省社会主义学院学报》2019 年第 3 期。

26. 杨国宜:《朱熹和谐理念的现代诠释》,《合肥学院学报(社会科学版)》2005 年第 3 期。

27. 杨玉成:《自由观念历史演变与中国特色社会主义自由观》,《科学社会主义》2016 年第 5 期。

28. 姚大志:《什么的自由》,《哲学研究》2018 年第 10 期。

29. 姚进生:《朱熹生态伦理思想及其对构建当代生态文明的启示》,《福建论坛》2013 年第 11 期。

30. 尤吾兵、陈保同:《朱熹经济伦理思想及其现代价值》,《中南大学学报(社会科学版)》2009 年第 2 期。

31. 余龙生:《朱熹经济伦理思想述评》,《江西社会科学》2006 年第 9 期。

32. 张品端:《朱熹思想的生态意蕴及其时代意义》,《朱子文化》2021 年第 1 期。

33. 张舜清:《儒家君子文化中的平等意蕴》,《北京大学学报(哲学社会科学版)》2021 年第 1 期。

34. 张新国:《朱子〈西铭解〉的哲学建构》,《福建师范大学学报(哲学社会科学版)》2019 年第 1 期。

35. 张彦:《以时代精神激活中华优秀传统文化生命力》,《学习时报》2022 年 9 月 14 日。

36. 赵金刚:《孔颜乐处与宋明理学的展开》,《世界宗教研究》2022 年第 4 期。

37. 赵同友:《孔子古典平等观的现代价值》,《理论探讨》2021 年第 3 期。

38. 朱人求:《朱子文化的基本精神》,《朱子学刊》2016 年第 1 期。

39. 朱英坤:《论朱熹新民的社会教化理念及实践》,《朱子学刊》2008 年第 1 期。

40. 朱元:《朱熹思想与经济新伦理》,《广西社会科学》1995 年第 4 期。

四、学位论文

1. 陈苏珍:《朱熹善恶思想研究》,福建师范大学硕士学位论文,2011 年。

2. 窦道阳:《马克思主义历史观视域下朱熹爱国精神研究》,南京信息工程大学硕士学位论文,2012 年。

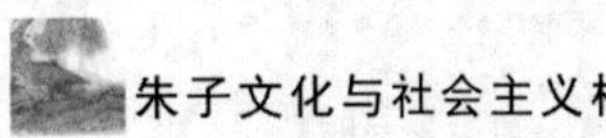

3. 甘秋月:《论朱熹诗的家国情怀》,贵州师范大学硕士学位论文,2018 年。

4. 姜波:《以理释礼——朱熹礼、理关系研究》,安徽大学硕士学位论文,2011 年。

5. 刘畅:《朱熹生态伦理思想及其当代价值》,山东师范大学硕士学位论文,2014 年。

6. 秦娜:《朱熹“曾点气象”论及其美学意蕴》,山西师范大学硕士学位论文,2021 年。

后　记

“在新的起点上继续推动文化繁荣、建设文化强国、建设中华民族现代文明，是我们在新时代新的文化使命。”2023 年 6 月 2 日，习近平总书记在北京出席文化传承发展座谈会上发表重要讲话，鲜明提出建设中华民族现代文明这一重大时代课题。

20 多年来，武夷学院朱子学研究中心不断阐发朱子文化精髓，努力守护朱子文化根脉，致力于中华优秀传统文化的创新性传承、创造性发展，现已成为“福建省乃至全国朱子理学研究的重镇”。省委常委、宣传部部长张彦同志高度重视在大学文化育人的实践中对朱子文化价值观营养的汲取，指示武夷学院要集中研究力量，编写一本能够将朱子文化结合社会主义核心价值观，对大学生进行思想政治教育的创新教材。武夷学院党委高度重视，在校党委书记庄祥生同志牵头和协调下，多次召开编委会，邀请了多位专家学者作为学术顾问，莅校指导编写。历经两载，批删数次，几易其稿，本书终得以出版。

本书各部分的编撰分工为：绪论（陈文教授），国家篇中的富强（陈兴华副教授）、民主（胡华田副教授）、文明（程荣副教授）、和谐（兰宗荣教授），社会篇中的自由（刘军副教授）、平等（蔺华讲师）、公正和法治（刘平华博士），公民篇中的爱国（陈平副教授）、敬业（王志阳副教授）、诚信（黄伯翰副教授）、友善（黎晓铃讲师）。

在本书即将付梓之际，我们欣慰地看到由国家社科规划办于 2023 年 6 月 5 日公布的“研究阐释党的二十大精神国家社科基金重大项目立项名单”中，西安交通大学、华东师范大学两校的学者联合申报的“中华优秀传统文化与科学社会主义价值观的高度契合性研究”获批立项。这也从一个侧面表明,武夷学院的研究者对于本书的选题、搭建的框架是有学术前瞻性、敏锐性和创新性的。

感谢省委领导和武夷学院党政领导对本书编写工作的支持。感谢省委宣传部原副部长朱清、福建省社科院原副院长黎昕、武夷学院朱子学研究中心张品端研究员对本书编写提出的诸多宝贵建议。感谢厦门大学出版社编辑章木良,她的认真负责使本书能如期面世。

本书在编写过程中参考了许多前辈专家学者的论著,在此表示由衷的感谢。但限于编者的水平,书中难免有错误和疏漏之处,敬请各位读者、同行批评指正。

本书编委会

2023年6月19日